가사체 승만경과
정본 한문 승만경

지운·이인자·조현춘·천희완·김순남 공역

운주사

여자의 자긍심 하늘처럼!

지운 스님

승만부인사자후
좋습니다.

여우같은 의심
풀어지게 하고

늑대같은 번뇌
사라지니 좋습니다.

원願 세워 정법 펼치니
중생의 생사고生死苦 구제하고

세상을 편안케 하니
참으로 좋습니다.

인사 말씀

드디어『가사체 승만경』이 탄생됩니다!!!
기쁘고 기쁜 일로,『가사체 승만경』출판을 진심으로 축하드리고 축하합니다.
제가『가사체 승만경』출판에 왜 이리 기뻐하느냐고요? 개인적인 정서이기도 합
니다. 어느 날, 조현춘 교수님께서 '무비스님과 공역으로 가사체 금강경을 출판하
시길래, 조현춘 교수님이라면 가능한 일이라고 생각되어' 축하를 드렸습니다. 그
런데 오늘날『승만경』을 가사체로 출판한다니 정신이 번쩍 들었습니다. 얼마나
기쁘던지요.『가사체 승만경』출판에 박수를 보냅니다. 훌륭합니다.

제가『승만경』을 좋아하는 이유는 조금은 유치한 듯하지만, 모든 경전의 주인공
은 남성들입니다. 그런데 승만경을 공부하면서, 이 경의 주인공이 승만부인인 여
자로, 부처님으로부터 수기까지 받는 일 등에 얼마나 놀랐던지요? 경전의 주인공
은 당연히 남자들이라고 생각했는데, 승만경의 주인공은 승만부인인 여성이라구
요? 놀라운 일이었습니다.

더구나 승만부인 10홍서의 내용을 공부하면서는 더욱 놀랐습니다. 10홍서 중에
첫째 계목부터 다섯째 계목까지의 내용은 우리가 아주 잘 알고 있는 내용이기도
할 뿐만 아니라 아주 쉬운 내용이라 깜짝 놀랐습니다. 내용이 아무리 쉬워도 실천
하지 않으면 무용지물이며, 평범한 내용인 듯해도 잘 실천하면 훌륭한 것임을 승
만경을 공부하면서 배우고 터득하였습니다.

승만부인은 얼마나 지혜로운 여성인지요? 부처님께서 수기를 주시며, 또 부처님

께서는 다음에 또 만날 것이라고…… 승만부인에게 박수를 보냅니다.

이러한 여러 가지 이유로 승만경을 좋아하게 되었고, 승만도반들과 승만 10홍서를 매일 한 가지씩 실천하기로 결의하였습니다. 지금도 승만도반님들과 매일 한 계목씩 실천수행하고 있습니다.

제가 활동하고 있던 〈승만경 연구회〉를 소개하며, 승만경을 번역해 보라고 했더니 어느 날 후배들과 같이 번역한 것이라며 발표하고 논평하기를 몇 번 하면서 드디어 책으로까지 낼 수 있게 되었습니다. 너무나 좋은 책을 저는 생각지도 못했던 정본화 작업까지 마치고, 지금의 우리말로 번역했을 뿐만 아니라 흥겹게 노래 부를 수 있는 가사체로까지 다듬어 준 후배님들에게 심심한 감사를 드립니다.

우리도 승만이 되어, 가정과 사회가 모두 여법한 불국토가 되도록 합시다.

가사체 승만경 출판에 박수를 보내며……

불기 2567년(서기 2023년) 8월 이인자 합장

定本 漢文 勝鬘經
정 본 한 문 승 만 경

원전이라고 할 만한 승만경, 즉 오래된 승만경은 3종류가 전해지고 있습니다.

　1) 고려대장경 대보적경 승만부인회(보리유지 한문역),

　2) 고려대장경 승만사자후일승대방편방광경(구나발타라 한문역),

　3) 티베트어본 승만보살사자후경이 있습니다.

현재로서는 이 3본이 원전이고, 나머지는 이 3본을 번역하거나 해설한 것입니다. 3종을 자세히 대조해 보면, 모두 어느 정도의 낙간이 있고, 어느 정도의 혼란이 있다는 것을 발견할 수 있습니다.

고려대장경 대보적경 승만부인회가 가장 좋은 저본으로 보입니다.

첫째, 한 문장 한 문장 번역에서 가장 좋아 보였습니다.

둘째, 낙간이 가장 작은 것으로 보였습니다.

셋째, 승만보살님의 서원이 열 가지로 제시되다가 세 가지로 요약되었다가 하나로 다시 집약되었습니다. 다시 이 하나를 이런 측면 저런 측면에서 설명하고 있습니다. 여기서 열 가지에 대해서는 홍서, 세 가지에 대해서는 홍원, 한 가지에 대해서는 대원으로 분명하고 확실하게 구분하였습니다.

1)如來眞實功德, 2)十種弘誓〈열 가지 홍서〉, 3)以一大願 攝一切願〈일 대원이 일체 서원
　여래진실공덕　　십종홍서　　　　　　　　　　이 일 대 원 섭 일 체 원
섭수〉, 4)攝受正法, 5)入一乘, 6)無邊聖諦, 7)如來藏, 8)佛法身, 9)空性義隱覆眞實, 10)一聖
　　　　섭수정법　입일승　무변성제　여래장　불법신　공성의은부진실　　일성
諦義, 11)寂靜一依, 12)顚倒眞實, 13)自性淸淨, 14)如來眞子, 15)勝鬘夫人正師子吼
제 의　적정일의　　전도진실　　자성청정　　여래진자　　승만부인정사자후

보리유지의 '승만부인회'를 저본으로 하였으며, 구나발타라의 '승만경'과 티베트본을 반영한 Alex Wayman and Hideko Wayman의 『The Lion's Roar of Queen Śrīmālā』(Columbia University Press, 1974)와 고기직도高崎直道 역『如来蔵系経典』(中央公論社, 1992. 티베트역의 일본어 번역본)"을 참고하여 교감하였으며, 교감한 부분은 밑줄을 쳐서 파악할 수 있도록 하였습니다.

가사체 승만경

지운·이인자·조현춘·천희완·김순남 공역

1. 승만경은 매우 특이합니다. 여성 재가 신도가 '설법의 주인공'이라는 사실이 매우 특이합니다. 또한 불교의 많은 핵심 사상을 짧은 경에 포괄하고 있다는 것도 참으로 특이합니다.
2. 전체적 구성 : 경전은 원칙적으로 법회인유분(혹은 서분)으로 시작하여, 정종분을 거쳐 유통분으로 끝을 맺습니다. 그리고 승만경은 이 구조를 전형적으로 따르고 있습니다. 아무리 1장에 포함시키려 해도 1장에 포함시킬 수 없는 앞부분을 법회인유분으로 합니다. 또한 아무리 15장에 포함시키려 해도 15장에 포함시킬 수 없는 뒷부분을 유통분으로 합니다. 즉 회옹 혜경 스님, Alex and Hideko Wayman을 참고하여 법회인유분, 정종분(1장~15장), 유통분으로 구분합니다.
3. 정종분의 구성 : 유통분 본문에는 정종분 1장~15장까지의 장 이름이 있고, 대부분의 우리말 승만경은 이 순서를 비슷하게 따릅니다. 보리유지가 유통분에서 제시한 구분을 근거로 각 장의 제목을 정하였습니다.
4. 『정본 한문 승만경』에서 언급하였으나, 승만보살님의 서원 중 열 가지에 대해서 우리나라에서는 거의 전부 열 가지 대원이라고 하는 실정입니다. 그러나 열 가지에 대해서는 한문 원문대로 홍서, 세 가지에 대해서는 홍원, 한 가지에 대해서는 대원으로 하였습니다.

　『가사체 승만경』은 고등학교 1학년 학생이 이해할 수 있도록 용어를 선택하고 문장을 구성하고자 하였습니다. 이런 취지에서, 『정본 한문 승만경』 내용을 충실히 반영하는 범위에서 약간의 변형이 있습니다.

　우리의 전통적 흥을 살리고 독송하기 좋도록 가사체로 다듬었습니다. 불교용어 설명을 위해 각주를 달았으나, 각주를 보면서 내용 파악하는 것 못지않게, 독송을 꾸준히 하는 것을 권합니다. 본문 중심으로 독송을 거듭할수록 경전의 의미가 들어오고 일상생활에서 10홍서를 실천하는 데까지 나아가리라고 생각합니다. 여래장을 믿고 확인하는 가운데, 궁극적으로 "부처님께 성불수기 받게될~ 것입니다.(4·3. 정법섭수자 ⑥)"

　부족한 점에 대하여 많은 지적을 바랍니다.

淨口業眞言
정구업진언

수리수리 마하수리 수수리 사바하(세번)

五方內外安慰諸神眞言
오방내외안위제신진언

나무 사만다 못다남

옴 도로도로 지미 사바하(세번)

開法藏眞言[1]
개법장진언

無上甚深微妙法 百千萬劫難遭遇
무 상 심 심 미 묘 법 백 천 만 겁 난 조 우

我今聞見得受持 願解如來眞實義
아 금 문 견 득 수 지 원 해 여 래 진 실 의

옴 아라남 아라다(세번)

---

1 開經偈와 開法藏眞言은 따로 있었습니다. 그러나 다른 진언의 경우에는 거의 전부 偈/眞
   (개경게) (개법장진언)   (게/진
   言이 같이 있습니다. 그리고 開經偈의 마지막 부분은 바로 開法藏眞言을 그대로 번역한
   언)   (개경게)   (개법장진언)
   것입니다. 또한 앞의 두 진언과의 일관성을 위해서 開經偈를 따로 두지 않고 開法藏眞言
                                              (개경게)   (개법장진언)
   앞부분에 둡니다.

입으로 지은 업을 씻어내는 진언

깨끗이~ 깨끗하게 참으로~ 깨끗하게
완전히~ 깨끗하게 깨끗이~ 살렵니다.
수리수리 마하수리 수수리 사바하(세번)

부처님과 성중님을 모셔오는 진언

일체모든 부처님~ 일체모든 성중님~
이자리에 편안하게 임하시어 주옵소서.
나무 사만다 못다남
옴 도로도로 지미 사바하(세번)

경전 독송 전의 진언

높디높고 깊디깊은 부처님말씀
백천만겁 지나가도 듣기힘든데
제가지금 보고들어 지니었으니
부처님의 진실한뜻 이루렵니다.
옴 아라남 아라다(세번)

I. 法會因由分
법회인유분

一. 通序: 六成就
일 통서 육성취

如是我聞 一時 佛 在舍衛國 祇樹給孤
여시아문 일시 불 재사위국 기수급고

獨園 與諸大衆
독원 여제대중

二. 別序: 奉持王書
이 별서 봉지왕서

①

時 憍薩羅 波斯匿王 及 末利夫人 信法
시 고살라 파사익왕 급 말리부인 신법

未久 共相謂言
미구 공상위언

②

波斯匿大王 我女勝鬘 慈唔聰愍 多聞
파사익대왕 아녀승만 자오총민 다문

---

2 고대 인도의 도시. 쉬라와스띠(śrāvasti)를 한역하여 사위성舍衛城 또는 사위국舍衛國이라고
하였습니다. 석가시대 강가강 유역의 한 강국이었던 코살라국의 수도로서 성 밖에는 기원
정사祇園精舍가 있었습니다.

3 쁘라세나(쁘라세나짓, 파세나디) 대왕과 말리까(말리) 왕비: 부처님 생존 당시 코살라국의 대
왕과 왕비 이름입니다.

Ⅰ. 법회가 열린 배경

1장 부처님의 육하원칙

부처님이 대중들과 어느날~ 사위국의[2]
기원정사 계시면서 다음같이 하시는걸
제가직접 들었으며 제가직접 봤습니다.

2장 부모님의 편지

①

꼬살라국 쁘라세나[3] 대왕님과 왕후님이
불교를~ 믿은지가 얼마되지 않았을때
대왕부부 다음같이 말씀나누 셨습니다.

②

쁘라세나 대왕님~ 쁘라세나 대왕님~
승만이는[4] 우리들이 낳아기른 딸이지만

---

4 승만: 이 경전의 설법자, 승만의 한자 뜻은 '뛰어난 머리장식'인데, '영광스러운 화환'으로
   해석되기도 합니다.

智慧 若見如來 於甚深法 速能解了 無
지혜 약견여래 어심심법 속능해료 무

諸疑惑
제의혹

③

末利夫人 我今應當 令善諭者 發其誠
말리부인 아금응당 영선유자 발기성

信
신

④

如是 大王 今正是時
여시 대왕 금정시시

⑤

作是議已 王及夫人 卽便作書 稱揚如
작시의이 왕급부인 즉편작서 칭양여

來眞實功德 時遣一使 名眞提羅 奉持
래진실공덕 시견일사 명진제라 봉지

王書 詣無鬪國 授勝鬘夫人
왕서 예무투국 수승만부인

영리하고   총명하고   박학하고   지혜로워
부처님의   깊디깊은   미묘법문   듣게되면
의심하지   아니하고   받아들일   것입니다.
③

말리까~   왕후님~   사람시켜   승만에게
편지보내   믿는마음   일으키게   하십시다.
④

옳습니다   대왕님~   지금바로   보냅시다.
⑤

부처님의   진실공덕   찬탄하며   대왕부부
승~만~   보살님께   편지보내   셨습니다.
찬드라가   편지들고   아유다국[5]   찾아가서
승~만~   보살님께   편지전하   였습니다.

---

5   아유다국(아유타국, 무투국): 산스끄리뜨어 ayodhyā의 음사. 중인도의 북쪽에 있던 고대 국
가입니다.

Ⅱ. 正宗分
정종분

一. 如來眞實功德
일 여래진실공덕

①

時 勝鬘夫人 發書尋繹 頂受忻慶 生希
시 승만부인 발서심역 정수흔경 생희

有心 向眞提羅 而說偈言
유심 향진제라 이설게언

②

我聞如來聲 世間頗難遇
아문여래성 세간파난우

斯言若眞實 當賜汝衣服
사언약진실 당사여의복

③

若彼佛世尊 爲利世間現
약피불세존 위이세간현

必應見哀愍 令我觀眞相
필응견애민 영아도진상

④

言念湏臾頃 佛於虛空中
언념수유경 불어허공중

現不思議身 普放大光明
현부사의신 보방대광명

II. 정종분[6]

1장 부처님의 진실 공덕

①

승만보살 편지받아 이마위에 올린후에
정성스레 읽고서~   매우매우 기뻐하며
찬드라에 게송으로 말씀하시 었습니다.

②

부처님의 말씀들은 참으로~   진실하니
내가어찌 부처님께 공양하지 않으리오.

③

'부처님은 온세상을 위하여서 오셨으니
나에게도 뵐수있는 기회를~   주시겠지'

④

이런생각 하자마자 부처님이 허공중에
대광명을 놓으시며 나타나시 었습니다.

---

6 정종분은 경전의 본론에 해당합니다. 경전 내용은 보통 서분(서론. 법회가 열린 배경), 정종분(본론), 유통분(경전 유통 부탁)으로 구분합니다.

⑤

勝鬘及眷屬 皆悉來集會
승 만 급 권 속 개 실 래 집 회

合掌瞻仰禮 稱讚大導師
합 장 첨 앙 례 칭 찬 대 도 사

⑥

世尊 如來妙色身 世間無與等
세 존　 여 래 묘 색 신 세 간 무 여 등

無比不思議 是故今敬禮
무 비 부 사 의 시 고 금 경 례

⑦

如來色無盡 智慧亦復然
여 래 색 무 진 지 혜 역 부 연

一切法常住 是故我歸依
일 체 법 상 주 시 고 아 귀 의

⑧

善調心過惡 及與身四種
선 조 심 과 악 급 여 신 사 종

到不思議地 故我今敬禮
도 부 사 의 지 고 아 금 경 례

⑤

승~만~　보살님과　많디많은　권속들이
합장하고　부처님을　찬양하시　었습니다.

⑥

거룩하신　부처님~　거룩하신　부처님~
누구와도　무엇과도　비교할수　없는모습
거룩하신　부처님께　일심예경　하옵니다.

⑦

좋은형상　밝은지혜　빠짐없이　모두갖춘
영원법신[7]　부처님께　일심귀의[8]　하옵니다.

⑧

몸으로~　마음으로　지은죄악　항복받은
법왕이신[9]　부처님께　일심예경　하옵니다.

7　법신: 진리 그 자체, 또는 진리를 있는 그대로 드러낸 우주 그 자체를 말합니다.

8　일심 귀의: 천재지변, 질병, 각종 사고에 대한 불안과 이로 인한 죽음 앞에서 구원을 받고
　편안한 삶을 살기 위해 올바른 길을 안내하는 부처님께 마음을 다해 의지하는 태도가 일심
　귀의, 일심 예경이라고 할 수 있습니다.

9　법왕: 불법 세계의 왕, 즉 석가(불타)에 대한 존칭입니다.

⑨

知諸爾炎法　智身無罣礙
지 제 이 염 법　지 신 무 가 애

於法無忘失　故我今敬禮
어 법 무 망 실　고 아 금 경 례

⑩

稽首過稱量　稽首無倫等
계 수 과 칭 량　계 수 무 륜 등

稽首法自在　稽首超思惟
계 수 법 자 재　계 수 초 사 유

⑪

世尊　哀愍覆護我　令法種增長
세 존　애 민 부 호 아　영 법 종 증 장

逮及冣後身　常在如來前
체 급 최 후 신　상 재 여 래 전

⑫

世尊　我所修福業　此世及餘生
세 존　아 소 수 복 업　차 세 급 여 생

由斯善根力　願佛恒攝受
유 사 선 근 력　원 불 항 섭 수

⑬

時　勝鬘夫人　說此偈已　及諸眷屬　一切
시　승 만 부 인　설 차 게 이　급 제 권 속　일 체

⑨

모두알아　걸림없는　지혜의몸　이뤄내신
거룩하신　부처님께　일심예경　하옵니다.

⑩

상상대비　비교비유　할수없는　부처님~
거룩하신　부처님께　머리숙여　절합니다.

⑪

거룩하신　부처님~　거룩하신　부처님~
진리씨앗　자라도록　저희들을　도우소서.
내생에도　계속계속　거두어~　주옵소서.

⑫

거룩하신　부처님~　거룩하신　부처님~
과거현재　미래까지　지은공덕　받들고서
영원토록　부처님을　만나뵙길　원합니다.

⑬

승~만~　보살님이　게송을~　마치신후
보살님과　권속들과　일체모든　대중들이

大衆 頂禮佛足 爾時 世尊 卽爲勝鬘 而
대중 정례불족 이시 세존 즉위승만 이

說偈言 勝鬘夫人
설게언 승만부인

⑭

我昔爲菩提 曾已開示汝
아석위보리 증이개시여

今復値遇我 及來世亦然
금부치우아 급내세역연

⑮

說此偈已 卽於會中 授勝鬘夫人 阿耨
설차게이 즉어회중 수승만부인 아누

多羅三藐三菩提記
다라삼먁삼보리기

⑯

勝鬘夫人 汝今稱歎 如來殊勝功德 以
승만부인 여금칭탄 여래수승공덕 이

此善根 當於無量阿僧祇劫 天人之中
차선근 당어무량아승기겁 천인지중

---

10 보살: 대승불교에 있어서의 이상적인 인간상, 보살 중에는 중생을 교화하여 구제하겠다는
'하화중생下化衆生'의 대원大願을 발하여 부처가 되는 것을 유보하고, 윤회의 세계에 머물러
구제救濟에 나서고 있는 보살도 있습니다.

부처님의 양쪽발에 이마대어 예경하자
부처님이 보살님께 게송부르 셨습니다.
승~만~ 보살님~ 승~만~ 보살님~
⑭

옛날옛날 제가보리 이룬연후에
전생에도 보살님께 설법하였고,
금생에도 보살님을 도와왔듯이
내생에도 보살님을 돕겠습니다.
⑮

게송을~ 마치시고 대중들이 보는데에
부처님이 보살님께¹⁰ 수기주시 었습니다.
⑯

승~만~ 보살님~ 보살님이 여기에서
부처님의 수승공덕 찬탄하신 선근으로
한량없는 아승기겁¹¹ 부족함이 전혀없는

---

11 아승기겁: 무한한 숫자를 뜻하는 '아승기'와 헤아릴 수 없을 정도로 긴 시간을 뜻하는 '겁'
이 결합하여 계산할 수 없는 정도로 무한한 긴 시간을 의미합니다.

爲自在王 諸所受用 皆悉具足
위 자 재 왕　제 소 수 용　개 실 구 족

⑰

所生之處 常得遇我 現前稱歎 如今無
소 생 지 처　상 득 우 아　현 전 칭 탄　여 금 무

異 復當供養 無量無數 諸佛世尊
이　부 당 공 양　무 량 무 수　제 불 세 존

⑱

過二萬阿僧祇劫 當得作佛 號曰 普光
과 이 만 아 승 기 겁　당 득 작 불　호 왈　보 광

如來應正等覺 彼佛國土 無諸惡趣 衰
여 래 응 정 등 각　피 불 국 토　무 제 악 취　쇠

老病苦 亦 無不善惡業道名
로 병 고　역　무 불 선 악 업 도 명

⑲

其中衆生 形色端嚴 具五妙境 純受快
기 중 중 생　형 색 단 엄　구 오 묘 경　순 수 쾌

---

12 자재왕: 막힘이나 걸림이 없고 자유로운 왕 혹은 '자재천自在天'의 왕을 말합니다.

13 여래: 범어梵語로는 따타아가따(tatha-gata)라고 한다. 따타아가따는 지금까지의 부처들과 같은 길을 걸어서 열반의 피안에 간 사람, 또는 진리에 도달한 사람이라는 뜻입니다.

　　응공: 여래의 10가지 별호 중 하나로, 사람과 천인의 존경을 받고 공양을 받을만하다는 뜻입니다.

14 정등각: 여래의 10가지 별호 중 하나로, 바르고 원만한 깨달음, 또는 그 깨달음을 성취한 사람을 말합니다.

하느님과 사람들의 자재왕이¹² 될겁니다.

⑰

태어나는 곳곳마다 부처님을 만나뵙고

지금처럼 찬탄하고 공양올릴 것입니다.

⑱

이만겁후 보~광~ 여래응공¹³ 정등각~¹⁴

부처님이 될것이며 그부처님 국토에는

삼악도나¹⁵ 늙음질병 괴로움이 전혀없고

악도라는 이름조차 듣지못할 것입니다.

⑲

그나라의 중생들은¹⁶ 타화자재 하늘보다¹⁷

형상소리 냄새맛촉 감각기관 완벽하고

---

15 삼악도, 삼선도, 육도: 중생들은 삼악도(三惡道, 지옥·아귀·축생)와 삼선도(三善道, 아수라·인
간·천상)라는 육도 속에서 윤회합니다.

16 중생: 생명을 가진 모든 것들, 지수화풍 사대로 이루어진 육체를 가진 모든 생명체의 총칭,
일반적으로는 미혹의 세계에 있는 생류生類를 가리킵니다.

17 타화자재 하늘(타화자재천): 욕계欲界에서 가장 높은 하늘로 여기에 태어난 이는 다른 이의
즐거움을 자유로이 자기의 즐거움으로 만들어 즐길 수 있다고 합니다.

樂　蔽於他化自在諸天
락　폐어타화자재제천

⑳

勝鬘夫人　彼諸眾生　皆趣大乘　諸有如
승만부인　피제중생　개취대승　제유여

是學大乘者　悉來生彼
시학대승자　실래생피

㉑

時　勝鬘夫人　得授記已　無量天人　心懷
시　승만부인　득수기이　무량천인　심회

踊躍　咸願往生　彼佛世界　是時　世尊　皆
용약　함원왕생　피불세계　시시　세존　개

與授記　當生彼國.
여수기　당생피국

二. 十種弘誓
이　십종홍서

①

時　勝鬘夫人　聞佛記已　於如來前　合掌
시　승만부인　문불기이　어여래전　합장

而立　發十弘誓　作如是言
이립　발십홍서　작여시언

---

18 수기授記: 부처님이 수행자에게 미래의 증과(證果: 깨달음)에 대하여 미리 지시하는 예언과
약속을 말합니다.

일체모든 즐거움을 누리게될 것입니다.
⑳

승~만~ 보살님~ 승~만~ 보살님~
대승닦은 중생들이 그나라에 모여들어
쉬지않고 대승의길 수행하실 것입니다.
㉑

승~만~ 보살님이 성불수기[18] 받으니까
같이있던 하느님과 사람들이 기뻐하며
그나라에 태어나길 간절하게 원하였고
부처님이 모두에게 수기주시 었습니다.
'모든분이 그나라에 태어나실 것입니다.'

2장 열 가지 홍서
①

수기받고 승~만~ 보살님이 합장하고
열가지~ 홍서를~ 맹서하시 었습니다.

第一 弘誓
제 일 홍서

世尊 我從今日 乃至菩提 於所受戒 不
세존 아종금일 내지보리 어소수계 불

起犯心
기범심

第二 弘誓
제 이 홍서

世尊 我從今日 乃至菩提 於諸師長 不
세존 아종금일 내지보리 어제사장 불

起慢心
기만심

第三 弘誓
제 삼 홍서

世尊 我從今日 乃至菩提 於諸衆生 不
세존 아종금일 내지보리 어제중생 불

起恚心
기에심

第四 弘誓
제 사 홍서

世尊 我從今日 乃至菩提 於諸勝己 及
세존 아종금일 내지보리 어제승기 급

諸勝事 不起妬心
제승사 불기투심

제1 홍서

거룩하신 부처님~   거룩하신 부처님~

깨달음의 그날까지 파계하지 아니하고

계율들을[19] 빠짐없이 모두지키 겠습니다.

제2 홍서

거룩하신 부처님~   거룩하신 부처님~

깨달음의 그날까지 교만하지 아니하고

스승님을 존경하는 마음지키 겠습니다.

제3 홍서

거룩하신 부처님~   거룩하신 부처님~

깨달음의 그날까지 미워하지 아니하고

중생들을 사랑하는 마음지키 겠습니다.

제4 홍서

거룩하신 부처님~   거룩하신 부처님~

깨달음의 그날까지 질투하지 아니하고

남의좋은 몸과물건 찬양할~ 것입니다.

---

19 계율: 불교에 귀의한 자가 지켜야 할 규범이나 규율을 말합니다.

第五弘誓
제 오 홍서

世尊 我從今日 乃至菩提 雖有少食 不
세존 아종금일 내지보리 수유소식 불

起慳心
기 간 심

第六弘誓
제 육 홍서

世尊 我從今日 乃至菩提 不自爲己受
세존 아종금일 내지보리 부자위기수

畜財物 凡有所受 爲濟貧苦有情之類
축재물 범유소수 위제빈고유정지류

第七弘誓
제 칠 홍서

世尊 我從今日 乃至菩提 不求恩報 行
세존 아종금일 내지보리 불구은보 행

四攝事
사 섭 사

第八弘誓
제 팔 홍서

世尊 我從今日 乃至菩提 見諸衆生 無
세존 아종금일 내지보리 견제중생 무

有依怙 幽繫疾惱 種種危厄 終不捨離
유의호 유계질뇌 종종위액 종불사리

제5 홍서

거룩하신　부처님~　거룩하신　부처님~

깨달음의　그날까지　간탐하지　아니하고

먹을것이　적더라도　만족해할　것입니다.

제6 홍서

거룩하신　부처님~　깨달음의　그날까지

나를위해　재물들을　모아두지　아니하고

빈곤중생　빠짐없이　구제할~　것입니다.

제7 홍서

거룩하신　부처님~　깨달음의　그날까지

지은복을　누리려고　생각하지　아니하고

사섭법을[20]　빠짐없이　실천할~　것입니다.

제8 홍서

거룩하신　부처님~　깨달음의　그날까지

의지할곳　없는사람　죄를짓고　갇힌사람

20　사섭법: 중생을 불법佛法에 끌어들이기 위한 보살의 네 가지 행위를 말합니다. (1) 보시布施: 부처의 가르침이나 재물을 베풂. (2) 애어愛語: 부드럽고 온화하게 말함. (3) 이행利行: 남을 이롭게 함. (4) 동사同事: 서로 협력하고 고락을 같이함.

必願安隱 以善饒益 令免衆苦
필 원 안 은 이 선 요 익 영 면 중 고

第 九 弘誓
제 구 홍서

世尊 我從今日 乃至菩提 若見一切 諸
세 존 아 종 금 일 내 지 보 리 약 견 일 체 제

惡律儀 毀犯 如來淸淨禁戒 應調伏者
악 률 의 훼 범 여 래 청 정 금 계 응 조 복 자

而調伏之 應攝受者 而攝受之 何以故
이 조 복 지 응 섭 수 자 이 섭 수 지 하 이 고

以調伏攝受故 則正法久住 正法久住故
이 조 복 섭 수 고 즉 정 법 구 주 정 법 구 주 고

天人充滿 惡道減少 能令如來法輪常轉
천 인 충 만 악 도 감 소 능 령 여 래 법 륜 상 전

第 十 弘誓
제 십 홍서

世尊 我從今日 乃至菩提 攝受正法 終
세 존 아 종 금 일 내 지 보 리 섭 수 정 법 종

不忘失
불 망 실

병든사람 가지가지 괴로움에 처한중생
외면하지 아니하고 보살피~ 겠습니다.

제9 홍서

거룩하신 부처님~ 깨달음의 그날까지
나쁜버릇 가지거나 범계하는 사람보면
가볍게~ 지나치지 아니할~ 것입니다
말릴행동 말리고~ 권할행동 권하여서
정법을~ 영원토록 지속시킬 것입니다.
말리고~ 권하여서 정법이~ 지속되고
하느님과 사람늘고 악도중생 줄어들어
법륜이~ 굴러가게 제가만들 것입니다.

제10 홍서

거룩하신 부처님~ 깨달음의 그날까지
정법섭수[21] 잊지않고 지켜나가 겠습니다.

---

21 정법: 바른 가르침, 진실한 가르침, 부처님의 가르침, 여기서는 10홍서의 내용이 정법이라
고 할 수 있습니다.
섭수: (자비심으로 중생을) 포용하여 가르쳐서 인도하는 것을 말합니다.

何以故 忘失正法 則忘大乘 忘大乘者
하 이 고　망 실 정 법　즉 망 대 승　망 대 승 자

則忘波羅蜜 忘波羅蜜者 則捨大乘 世
즉 망 바 라 밀　망 바 라 밀 자　즉 사 대 승　세

尊 若諸菩薩 有於大乘 不決定者 攝受
존　약 제 보 살　유 어 대 승　불 결 정 자　섭 수

正法 則不堅固 便不堪任超凡夫境 則
정 법　즉 불 견 고　편 불 감 임 초 범 부 경　즉

爲大失
위 대 실

世尊 現在未來 攝受正法 諸菩薩等 具
세 존　현 재 미 래　섭 수 정 법　제 보 살 등　구

足無邊廣大利益 發斯十弘誓
족 무 변 광 대 이 익　발 사 십 홍 서

聖主 世尊 雖復證知 而諸有情 善根微
성 주　세 존　수 부 증 지　이 제 유 정　선 근 미

---

22 대승: '대승大乘'은 '큰 탈 것'을 뜻한다. 신불교 운동 세력이 기존의 교단들을 비판하며 '소
　승小乘'이라 하고, 자신들을 '더 높은' 불교로 부른 데에서 비롯되었습니다. 여기서는 '정법
　섭수'하는 것이 대승이며, 부처의 가르침이라 할 수 있습니다. 즉 10홍서의 실천이 대승인
　셈입니다.

정법을~   잊게되면   대승을~[22] 잊게되고
바라밀을[23] 잊게되어   대승의길   못갑니다.
거룩하신   부처님~   거룩하신   부처님~
대승의길   확실하게   못머무는   보살들은
정법을~   확실하게   섭수할수   없게되고
범부경지   못벗어나   큰손실을   입습니다.

거룩하신   부처님~   거룩하신   부처님~
정법을~   섭수하는   현재미래   보살들은
열가지~   홍서들로   무량복을   누립니다.

부처님이   다시한번   증명하여   주옵소서
이루기가   어렵다며   홍서들을   의심하고

---

23 바라밀(바라밀다): 피안의 경지에 이르고자 하는 보살이 닦는 수행입니다. 산스크리트어
pāramitā의 음사인데, 도피안到彼岸, 깨달음의 저 언덕으로 건너감, 완전한 성취. 수행의 완
성을 의미하기도 합니다.

薄 或起疑網 以十弘誓 難成就故 彼或
박 혹기의망 이십홍서 난성취고 피혹

長夜 習不善法 受諸苦惱 爲欲利益 如
장야 습불선법 수제고뇌 위욕이익 여

斯衆生 今於佛前 發誠實誓
사중생 금어불전 발성실서

⑤

世尊 我今 發此十弘誓 若實不虛 於大
세존 아금 발차십홍서 약실불허 어대

衆上 當雨天花 出天妙音
중상 당우천화 출천묘음

⑥

勝鬘夫人 於如來前 作斯言已 時虛空
승만부인 어여래전 작사언이 시허공

中 卽雨天花 出天妙音 歎言
중 즉우천화 출천묘음 탄언

⑦

善哉 勝鬘夫人 如汝所說 眞實無異
선재 승만부인 여여소설 진실무이

⑧

爾時 衆會旣覩斯瑞 無諸疑惑 生大歡
이시 중회기도사서 무제의혹 생대환

喜 同聲唱言
희 동성창언

악행하여 고통받는 선근약한[24] 중생위해
부처님께 홍서열을 맹서하였 사옵니다.

⑤

거룩하신 부처님~ 거룩하신 부처님~
말씀드린 열가지~ 홍서들이 진실하면
하늘에서 꽃비오고 미묘법문 들리소서.

⑥

승~만~ 보살님이 말씀모두 마치시자
하늘에서 꽃비오고 법문들리 었습니다.

⑦

옳습니다 보살님~ 참으로~ 옳습니다.
보살님의 말씀들은 참으로~ 옳습니다.

⑧

꽃비들을 바라보고 설법소리 들으면서
대중들이 기뻐하며 발원하시 었습니다.

---

24 선근: 선한 결과(善果)를 받을 수 있는 원인을 말합니다.

⑨

願與勝鬘夫人 所生之處 同其願行
원여승만부인 소생지처 동기원행

⑩

時 佛世尊 悉記大衆 如其所願
시 불세존 실기대중 여기소원

三. 以一大願 攝一切願
삼   이일대원 섭일체원

①

爾時 勝鬘夫人 復於佛前 發三弘願 以
이시 승만부인 부어불전 발삼홍원 이

玆願力 利益無邊諸有情類
자원력 이익무변제유정류

第一弘願
제일홍원

世尊 以我善根 於一切生 得正法智
세존 이아선근 어일체생 득정법지

第二弘願
제이홍원

世尊 若我所生 得正智已 爲諸衆生 演
세존 약아소생 득정지이 위제중생 연

⑨

보살님이 태어나는 곳곳마다 함께나서
보살님과 같은발원 수행하고 싶습니다.

⑩

부처님이 대중께도 수기주시 었습니다.
'모든분의 모든발원 이루어질 것입니다.'

3장 일 대원이 일체 서원 섭수

①

이때에~ 중생들의 무량이익 위하여서
승~만~ 보살님이 요약하여 부처님께
세가지~ 홍원을~ 말씀드리 셨습니다.

제1 홍원

거룩하신 부처님~ 여러생의 선근으로
정법지혜 빠짐없이 모두이루 겠습니다.

제2 홍원

거룩하신 부처님~ 정법지혜 이룬후엔

說無倦
설 무 권

第三弘願
제 삼 홍 원

世尊 我爲攝受護持正法 於所生身 捨
세존 아위섭수호지정법 어소생신 사

身命財
신명재

②

爾時 世尊 聞斯願已 告勝鬘言 勝鬘 如
이시 세존 문사원이 고승만언 승만 여

一切色 悉入空界 如是菩薩 恒沙諸願
일체색 실입공계 여시보살 강사제원

悉入茲願 此三願者 眞實廣大
실입자원 차삼원자 진실광대

③

爾時 勝鬘夫人 復白佛言 世尊 今當承
이시 승만부인 부백불언 세존 금당승

佛威神 辯才之力 欲說大願 幸垂聽許
불위신 변재지력 욕설대원 행수청허

---

25 위신력: 부처님이 지닌, 헤아릴 수 없는 영묘하고도 불가사의한 힘을 말합니다.

즐거운~   마음으로   항상설하   겠습니다.

제3 홍원

거룩하신   부처님~   태어나는   세세생생
정법섭수   위하여서   몸과마음   재산들을
아낌없이   남들에게   공양올리   겠습니다.

②

부처님이   홍원셋을   증명하시   었습니다.
승~만~   보살님~   승~만~   보살님~
형상있는   모든것이   허공속에   포함되듯
강가강의   모래수과   같이많은   보살서원
빠짐없이   홍원셋에   들어오는   것입니다.
홍원셋은   참으로~   광대한~   것입니다.

③

거룩하신   부처님~   거룩하신   부처님~
제가지금   부처님의   위신력을²⁵   받들고서
대원설법   하려하니   허락하여   주옵소서.

④

佛言 勝鬘 恣汝所說
불언 승만 자여소설

⑤

勝鬘夫人言 世尊 菩薩所有 恒沙諸願
승만부인언 세존 보살소유 강사제원

一切皆入 一大願中 一大願者 所謂 攝
일체개입 일대원중 일대원자 소위 섭

受如來正法 如是攝受正法 眞實廣大
수여래정법 여시섭수정법 진실광대

⑥

佛言 善哉 勝鬘 汝久修習 智慧方便 甚
불언 선재 승만 여구수습 지혜방편 심

深微妙 勝鬘 來世眾生 有能解了 汝所
심미묘 승만 내세중생 유능해료 여소

說義 彼於長夜 植諸善本
설의 피어장야 식제선본

⑦

勝鬘 如汝所說 攝受正法 皆是 過去現
승만 여여소설 섭수정법 개시 과거현

---

26 방편方便: 일반적으로, '미묘한 수단과 방법, 중생을 구제하기 위해 그 소질에 따라 임시로
행하는 편의적인 수단과 방법'을 가리키나, 여기서는 '힘써 수행함(加行)'의 의미로 사용되
었습니다.

④

승~만~　　보살님~　　말씀하여　주십시오.

⑤

거룩하신　부처님~　　거룩하신　부처님~

강가강의　모래수와　같이많은　보살서원

하나의~　　대원안에　들어오는　것입니다.

하나의~　　대원인~　　정법섭수　지닌뜻은

참으로~　　광대하다　말할수가　있습니다.

⑥

옳습니다　보살님~　　오랫동안　닦았기에

보살님의　지혜방편[26]　매우매우　깊습니다.

승~만~　　보살님~　　승~만~　　보살님~

오랫동안　선근심은　미래세의　중생들은

보살님의　설법내용　이해할~　　것입니다.

⑦

승~만~　　보살님~　　보살님의　말씀대로

과거모든　부처님도　정법섭수　설하셨고

在未來諸佛 已說今說當說
재 미 래 제 불 이 설 금 설 당 설

⑧

勝鬘 我得無上正等菩提 亦復常 以種
승 만 아 득 무 상 정 등 보 리 역 부 상 이 종

種相 說攝受正法
종 상 설 섭 수 정 법

⑨

勝鬘 如是稱揚 攝受正法 所有功德 無
승 만 여 시 칭 양 섭 수 정 법 소 유 공 덕 무

有邊際 如來智慧 亦無邊際
유 변 제 여 래 지 혜 역 무 변 제

⑩

勝鬘 何以故 是攝受正法 有大功德 有
승 만 하 이 고 시 섭 수 정 법 유 대 공 덕 유

大利益
대 이 익

현재모든　부처님도　정법섭수　설하시고
미래모든　부처님도　설하실~　것입니다.
⑧

승~만~　보살님~　승~만~　보살님~
최고바른　깨달음을　온전하게　이룬저도
가지가지　방법으로　정법섭수　설합니다.
⑨

승~만~　보살님~　보살님의　말씀대로
정법섭수　하는공덕　끝도없이　많습니다.
부처님의　지혜들도　끝도없이　많습니다.
⑩

승~만~　보살님~　정법섭수　공덕이익
참으로~　광대하다　말할수가　있습니다.

四. 攝受正法
사 섭수정법

四·一. 攝受正法義
사 일 섭수정법의

①

時 勝鬘夫人 復白佛言 世尊 我當承佛
시 승만부인 부백불언 세존 아당승불

威神之力 更復演說 攝受正法 廣大之義
위신지력 갱부연설 섭수정법 광대지의

②

佛言 勝鬘 聽汝所說
불언 승만 청여소설

③

勝鬘夫人言 世尊 攝受正法 廣大義
승만부인언 세존 섭수정법 광대의

者 爲得無量 一切佛法 乃至 能攝八萬
자 위득무량 일체불법 내지 능섭팔만

四千法門
사천법문

④

譬如劫初 興諸色雲 雨衆寶雨 如是攝
비여겁초 흥제색운 우중보우 여시섭

受正法 善根之雲 能雨無量 福報之雨
수정법 선근지운 능우무량 복보지우

4장 정법섭수

4 · 1. 정법섭수의 뜻

①

거룩하신　부처님~　거룩하신　부처님~
제가지금　부처님의　위신력을　받들고서
정법섭수　광대한뜻　말씀드리　겠습니다.

②

승~만~　보살님~　말씀하여　주십시오.

③

거룩하신　부처님~　정법섭수　지닌뜻은
참으로~　광대하다　말할수가　있습니다.
한량없는　일체모든　가르침을　증득하고
팔만사천　법문들을　모두거둬　들입니다.

④

처음우주　이뤄질때　온갖색깔　구름일고
가지가지　보배비가　하늘가득　내렸듯이
정법섭수　실행하면　선근구름　일어나고

⑤

世尊 又如劫初 大水之中 能生三千大
세존 우여겁초 대수지중 능생삼천대

千界藏 及四百億 種種類洲 如是攝受
천계장 급사백억 종종류주 여시섭수

正法 出生大乘 無量界藏 并諸菩薩 神
정법 출생대승 무량계장 병제보살 신

通之力 種種法門 一切世間 及出世間
통지력 종종법문 일체세간 급출세간

安樂具足 一切天人 所未曾有
안락구족 일체천인 소미증유

⑥

世尊 又如大地 荷四重擔 何等爲四 一
세존 우여대지 하사중담 하등위사 일

者大海 二者諸山 三者草木 四者衆生
자대해 이자제산 삼자초목 사자중생

如是攝受正法 諸善男子及善女人 建立
여시섭수정법 제선남자급선여인 건립

大地 堪能荷負 四種重任 喻彼大地
대지 감능하부 사종중임 유피대지

---

27 선남선녀: 부처의 가르침을 믿고 선행을 닦는 사람들. 승만경에서는 선남선녀를 정법섭수
    의 주체로 강조하고 있습니다.

한량없이　많은복비　하늘가득　내립니다.

⑤

거룩하신　부처님~　처음우주　이뤄질때
화이트홀　내부에서　삼천대천　세계장과
각각에서　사백억의　땅덩이가　나타났듯
정법섭수　온전하게　실행하는　사람에겐
인간이나　하느님이　단한번도　경험못한
대승의~　무량세계　보살의~　신통법문
세간과~　출세간의　모든안락　생깁니다.

⑥

거룩하신　부처님~　넓디넓은　대지가~
모든바다　모든산~　모든초목　모든중생
네가지~　무거운짐　빠짐없이　지고있듯
정법섭수　선남선녀²⁷　넓은대지　만들어서
네가지~　큰책임을　수행하고　있습니다.
넓디넓은　대지가~　하는것과　같습니다.

何等爲四 謂 1)離善友 無聞非法 諸有情
하 등 위 사 위　　이 선 우　무 문 비 법　제 유 정

類 以人天善根 而成熟之 2)求聲聞者 授
류 이 인 천 선 근　이 성 숙 지　구 성 문 자　수

聲聞乘 3)求獨覺者 授獨覺乘 4)求大乘者
성 문 승　구 독 각 자　수 독 각 승　구 대 승 자

授以大乘 是名攝受正法 諸善男子及善
수 이 대 승　시 명 섭 수 정 법　제 선 남 자 급 선

女人 建立大地 堪能荷負 四種重任
여 인 건 립 대 지　감 능 하 부　사 종 중 임

⑧

世尊 如是攝受正法 善男子善女人 等
세 존　여 시 섭 수 정 법　선 남 자 선 여 인　등

建立大地 堪能荷負 四種重任 普爲衆生
건 립 대 지　감 능 하 부　사 종 중 임　보 위 중 생

---

28 인천: 사람과 하느님, 일반사람들은 죽은 후 다시 사람이나 천상에 태어나길 바랍니다.

29 성문: 부처님의 설법을 듣고 사제四諦의 이치를 깨달아 아라한阿羅漢이 된 불제자佛弟子를 말합니다.

30 연각: 외부의 가르침에 의하지 않고 스스로 인연의 법칙을 관찰함으로써 깨달음을 얻은 사람을 말합니다. 벽지불辟支佛 또는 독각獨覺이라고도 합니다.

⑦

네가지~　큰책임을　말씀드리　겠습니다.

1)선한벗을　못만나서　정법을~　듣지못한

중생들을　위해서는　인천선근²⁸　열어주고

2)성문중생²⁹위해서는　성문의길　열어주고

3)연각중생³⁰위해서는　연각의길　열어주고

4)대승중생　위해서는　대승의길　열어주는

이걸두고　'정법섭수　선남자와　선여인이

넓은대지　만들어서　네가지~　큰책임을

수행하고　있다'라고　말을하는　것입니다.

⑧

거룩하신　부처님~　거룩하신　부처님~

정법섭수　실행하는　선남자와　선여인은

참으로~　넓디넓은　대지만든　것입니다.

네가지~　큰책임을　감당하고　있습니다.

청하지~　아니해도　찾아가서　벗이되고

作不請友 大悲利益哀愍有情 爲世法母
작 불 청 우 대 비 이 익 애 민 유 정 위 세 법 모

⑨

世尊 又如大地 是四種寶 所生之處 何
세존 우 여 대 지 시 사 종 보 소 생 지 처 하

等爲四 一者無價 二者上價 三者中價
등 위 사 일 자 무 가 이 자 상 가 삼 자 중 가

四者下價 如是攝受正法 善男子善女人
사 자 하 가 여 시 섭 수 정 법 선 남 자 선 여 인

建立大地 有情遇已 獲四大寶 一切寶
건 립 대 지 유 정 우 이 획 사 대 보 일 체 보

中 寂爲殊勝
중 최 위 수 승

⑩

何等爲四 謂諸有情 遇斯善友 1)或有獲
하 등 위 사 위 제 유 정 우 사 선 우 혹 유 획

得 人天善根 2)有證聲聞 及 3)辟支佛 4)
득 인 천 선 근 유 증 성 문 급 벽 지 불

或 無上乘善根功德 是名攝受正法 善
혹 무 상 승 선 근 공 덕 시 명 섭 수 정 법 선

男子善女人 建立大地 有情遇已 便能
남 자 선 여 인 건 립 대 지 유 정 우 이 편 능

중생들을　편안하게　위로하고　격려하며
세상진리　어머니가　되어주는　것입니다.

⑨

거룩하신　부처님~　거룩하신　부처님~
끝도없이　비싼보배　매우매우　비싼보배
중간정도　비싼보배　비교적~　값싼보배
네가지의　보물들을　대지가~　제공하듯
정법섭수　실행하는　선남자와　선여인이
대지를~　만들어서　만나는~　중생에게
최고의~　보배넷을　얻게하는　것입니다.

⑩

중생들의　벗이되어　1)인천공덕　2)성문공덕
3)연각공덕　4)대승공덕　얻게하는　것입니다.
이것을~　정법섭수　선남자와　선여인이
'대지를~　만들어서　만나는~　중생에게
네가지~　큰보배를　얻게한다'　말합니다.

獲得 四種大寶
획득 사종대보

⑪

世尊 出大寶者 名爲眞實 攝受正法
세존 출대보자 명위진실 섭수정법

四·二. 六波羅蜜
사 이 육바라밀

①

世尊 攝受正法 無異正法 正法 無異攝
세존 섭수정법 무이정법 정법 무이섭

受正法 正法 卽是攝受正法
수정법 정법 즉시섭수정법

②

世尊 攝受正法 無異波羅蜜 波羅蜜 無
세존 섭수정법 무이바라밀 바라밀 무

異攝受正法 攝受正法 卽是波羅蜜多
이섭수정법 섭수정법 즉시바라밀다

③

何以故 攝受正法 善男子善女人
하이고 섭수정법 선남자선여인

---

31 육바라밀: 불교의 대표적인 수행법인데, 승만경은 자세히 설명하고 있습니다. 보시, 지계,
인욕, 정진, 선정, 지혜를 강조합니다.

⑪

거룩하신 부처님~ 정법섭수 하는것은
매우값진 보배들을 그냥주는 것입니다.

4 · 2. 육바라밀[31]

①

거룩하신 부처님~ 거룩하신 부처님~
정법섭수 없어지면 정법역시 없습니다.
정법이~ 없어지면 정법섭수 없습니다.
정법과~ 정법섭수 같다할수 있습니다.

②

정법섭수 없어지면 바라밀도 없습니다.
바라밀이 없어지면 정법섭수 없습니다.
바라밀과 정법섭수 같다할수 있습니다.

③

정법섭수 실행하는 선남자와 선여인의
육바라밀 수행들을 말씀드리 겠습니다.

1)

應以施成熟者 以施成熟 乃至捨身 隨
응 이 시 성 숙 자　이 시 성 숙　내 지 사 신　수

順彼意 而成熟之 令彼有情 安住正法
순 피 의　이 성 숙 지　영 피 유 정　안 주 정 법

是名施波羅蜜
시 명 시 바 라 밀

2)

應以戒成熟者 以守護六根 淨身語意
응 이 계 성 숙 자　이 수 호 륙 근　정 신 어 의

乃至威儀 隨順彼意 而成熟之 令彼有
내 지 위 의　수 순 피 의　이 성 숙 지　영 피 유

情 安住正法 是名戒波羅蜜
정　안 주 정 법　시 명 계 바 라 밀

3)

應以忍成熟者 若彼有情 罵詈毁辱 誹
응 이 인 성 숙 자　약 피 유 정　매 리 훼 욕　비

謗擾亂 以無恚心 及利益心 寂上忍力
방 요 란　이 무 에 심　급 이 익 심　최 상 인 력

---

32 몸 보시: 부처님의 전생담을 보면 배가 너무 고파 자신의 새끼를 잡아먹으려는 호랑이에게
　　부처님 자신의 피와 살을 보시하여 자신은 죽고 호랑이를 살린 이야기가 있습니다. 오늘날
　　헌혈, 노력 봉사 등도 몸 보시라고 할 수 있습니다.

보시로써   교화시킬   중생들에   대해서는
몸까지도³² 보시하여   교화되게   만들어서
정법에~   온전하게   머물도록   하는것을
보~시~   바라밀을   수행한다   말합니다

지계로써   교화시킬   중생들에   대해서는
눈귀코혀   몸뜻등의   감각기관   잘지키고
몸과입과   뜻을맑혀   교화되게   만들어서
정법에~   온전하게   머물도록   하는것을
지~계~   바라밀을   수행한다   말합니다.

인욕으로   교화시킬   중생들에   대해서는
비난하고   욕설하고   협박까지   하더라도
화를내지   아니하고   이로움을   주려하며
온화한~   표정으로   교화되게   만들어서

乃至顏色亦不變異 隨順彼意 而成熟之
내 지 안 색 역 불 변 이　수 순 피 의　이 성 숙 지

令彼有情 安住正法 是名忍波羅蜜
영 피 유 정　안 주 정 법　시 명 인 바 라 밀

4)

應以精進成熟者 於彼有情 不起懈怠
응 이 정 진 성 숙 자　어 피 유 정　불 기 해 태

下劣之心 起大樂欲 寂上精進 於四威
하 렬 지 심　기 대 락 욕　최 상 정 진　어 사 위

儀 隨順彼意 而成熟之 令彼有情 安住
의　수 순 피 의　이 성 숙 지　영 피 유 정　안 주

正法 是名精進波羅蜜
정 법　시 명 정 진 바 라 밀

5)

應以靜慮成熟者 於彼有情 以無散亂
응 이 정 려 성 숙 자　어 피 유 정　이 무 산 란

成就正念 曾所作事 終不忘失 隨順彼
성 취 정 념　증 소 작 사　종 불 망 실　수 순 피

意 而成熟之 令彼有情 安住正法 是名
의　이 성 숙 지　영 피 유 정　안 주 정 법　시 명

靜慮波羅蜜
정 려 바 라 밀

정법에~　온전하게　머물도록　하는것을
인~욕~　바라밀을　수행한다　말합니다.

4)

정진으로　교화시킬　중생들에　대해서는
무기력과　게으름에　빠져들지　아니하고
큰의욕과　노력으로　행주좌와　교화시켜
정법에~　온전하게　머물도록　하는것을
정~진~　바라밀을　수행한다　말합니다.

5)

선정으로　교화시킬　중생들에　대해서는
어지럽지　아니하고　밖으로만　치닫잖고,
마음챙김　잠시라도　벗어나지　아니하게
오랜습성　행동과말　마음들을　교화시켜
정법에~　온전하게　머물도록　하는것을
선~정~　바라밀을　수행한다　말합니다.

6)

應以智慧成熟者 彼諸有情 爲利益故
응이지혜성숙자 피제유정 위이익고

問諸法義 以無倦心 而爲演說 一切諸
문제법의 이무권심 이위연설 일체제

論 一切明處 乃至種種工巧之處 令得
론 일체명처 내지종종공교지처 영득

究竟 隨順彼意 而成熟之 令彼有情 安
구경 수순피의 이성숙지 영피유정 안

住正法 是名智慧波羅蜜
주정법 시명지혜바라밀

④

是故 世尊 攝受正法 無異波羅蜜 波羅
시고 세존 섭수정법 무이바라밀 바라

蜜 無異攝受正法 攝受正法 卽是波羅
밀 무이섭수정법 섭수정법 즉시바라

蜜
밀

지혜로써 교화시킬 중생들에 대해서는
질문들을 명확하고 명료하게 정의한후
모든논문 모든과학 모든예술 설명하고
모든문제 풀어주고 마음들을 교화시켜
정법에~ 온전하게 머물도록 하는것을
지~혜~ 바라밀을 수행한다 말합니다.

④

거룩하신 부처님~ 거룩하신 부처님~
정법섭수 없어지면 바라밀도 없습니다.
바라밀이 없어지면 정법섭수 없습니다.
바라밀과 정법섭수 같다할수 있습니다.

四 · 三. 攝受正法者
사　삼　섭수정법자

①

時　勝鬘夫人復白佛言　世尊　我今承佛
시　승만부인부백불언　세존　아금승불

威神辯才之力　復說大義
위신변재지력　부설대의

②

佛言　勝鬘　云何大義
불언　승만　운하대의

③

世尊　攝受正法者　無異攝受正法　攝受
세존　섭수정법자　무이섭수정법　섭수

正法　無異攝受正法者　攝受正法　善男
정법　무이섭수정법자　섭수정법　선남

子善女人　則是攝受正法
자선여인　즉시섭수정법

④

何以故　若攝受正法　善男子善女人　爲
하이고　약섭수정법　선남자선여인　위

正法故　捨身命財
정법고　사신명재

1)

世尊　如是人等　以捨身故　證生死後際
세존　여시인등　이사신고　증생사후제

4 · 3. 정법섭수자

①

거룩하신 부처님~ 거룩하신 부처님~

제가지금 부처님의 위신력을 받들고서

광대한뜻 다시한번 설하고자 하옵니다.

②

승~만~ 보살님~ 말씀하여 주십시오.

③

거룩하신 부처님~ 말씀드리 겠습니다.

정법섭수 사람없음 정법섭수 없습니다.

정법섭수 없어지면 섭수자도 없습니다.

섭수자와 정법섭수 같다할수 있습니다.

④

정법섭수 선남자와 선여인은 정법위해

몸과마음 재물들을 보시하는 것입니다.

1)

거룩하신 부처님~ 자기몸을 보시하면

遠離老病死 得不壞常無有變易 究竟寂
원 리 로 병 사　 득 불 괴 상 무 유 변 역　 구 경 적

靜 不可思議 功德 如來法身
정　 불 가 사 의　 공 덕　 여 래 법 신

2)

世尊 以捨命故 證生死後際 永離於死
세 존　 이 사 명 고　 증 생 사 후 제　 영 리 어 사

得無邊常 成就 不可思議 諸善功德 安
득 무 변 상　 성 취　 불 가 사 의　 제 선 공 덕　 안

住一切 佛法神變
주 일 체　 불 법 신 변

3)

世尊 以捨財故 證生死後際 超過有情
세 존　 이 사 재 고　 증 생 사 후 제　 초 과 유 정

無盡無減 果報圓滿 具不思議功德莊嚴
무 진 무 감　 과 보 원 만　 구 부 사 의 공 덕 장 엄

爲諸有情 尊重供養
위 제 유 정　 존 중 공 양

---

33 구경열반: 구경은 궁극의 경지를 말합니다. 열반은 산스끄리뜨어 nirvāṇa의 음사, 불어서
　　　불을 끄듯 탐욕(貪)과 노여움(瞋)과 어리석음(癡)이 소멸된 심리 상태를 의미합니다. 모든
　　　번뇌를 소멸하여 깨달음의 지혜를 완성한 경지를 말합니다.

34 적정열반: 탐욕과 노여움과 어리석음이 완전히 소멸된 열반의 상태, 마음을 한곳에 집중하
　　　여 산란을 멈추고 평온하게 된 상태를 말합니다.

생사윤회 끝이나서 노병사가 없어지며
부숴지지 아니하고 변화하지 아니하며
구경열반[33] 적정열반[34] 온전하게 이루고서
상상할수 없이많은 공덕들을 모두갖춘
불가사의[35] 여래법신 이루게될 것입니다.

2)

거룩하신 부처님~ 자기마음 보시하면
생사윤회 벗어나서 돌아가지 아니하고
상상할수 없이많고 영원한~ 공덕이뤄
일체모든 부처님법 이루게될 것입니다.

3)

거룩하신 부처님~ 재물들을 보시하면
생사윤회 벗어나서 비교할수 없이많고
상상할수 없이많고 영원한~ 공덕이뤄
중생들의 존경받고 공양받을 것입니다.

---

35 불가사의: 불교에서 말로 표현하거나 마음으로 생각할 수 없는 오묘한 이치 또는 가르침을
말합니다.

⑤

世尊 捨身命財 攝受正法 善男子善女
세존 사신명재 섭수정법 선남자선여

人等 爲諸如來之所授記
인등 위제여래지소수기

⑥

世尊 若善男子善女人 正法欲滅 有諸
세존 약선남자선여인 정법욕멸 유제

比丘 比丘尼 優婆塞 優婆夷 互相朋黨
비구 비구니 우바새 우바이 호상붕당

起諸諍訟 以不諂曲 不欺誑心 愛樂正
기제쟁송 이불첨곡 불기광심 애요정

法 攝受正法 入善朋中 入善朋者 必爲
법 섭수정법 입선붕중 입선붕자 필위

諸佛之所授記
제불지소수기

⑦

世尊 我見攝受正法 有斯大力
세존 아견섭수정법 유사대력

⑤

거룩하신 부처님~ 거룩하신 부처님~
몸과마음 재물들을 보시하는 정법섭수
선남자와 선여인은 수기받을 것입니다.

⑥

거룩하신 부처님~ 거룩하신 부처님~
비~구~ 비구니~ 남자신도 여자신도
파당지어 서로다퉈 승가화합 깨뜨리어
참된진리 빛을잃고 정법쇠퇴 할때에도
속이지~ 아니하고 거짓말을 아니하며
정법섭수 정법사랑 선남자와 선여인은
좋은도반 만나서는 도반들과 더불어서
부처님께 성불수기 받게될~ 것입니다.

⑦

거룩하신 부처님~ 정법섭수 사람의힘
참으로~ 위대하다 말할수가 있습니다.

⑧

如來 以此 爲眼 爲法根本 爲引導法 爲
여래 이차 위안 위법근본 위인도법 위

通達法
통달법

四·四. 攝受正法 功德
사   사 섭수정법 공덕

①

爾時 世尊 聞勝鬘夫人所說 攝受正法
이시 세존 문승만부인소설 섭수정법

有大威力 歎言
유대위력 탄언

②

如是如是 善哉 勝鬘 如汝所說 攝受正
여시여시 선재 승만 여여소설 섭수정

法 大威德力
법 대위덕력

③

如大力士 微觸末摩 生大苦痛 更增重
여대력사 미촉말마 생대고통 갱증중

病 如是 勝鬘 假令少分 攝受正法 令魔
병 여시 승만 가령소분 섭수정법 영마

⑧

이를통해　부처님도　진실한눈　갖게되고
법의근본　알게되고　제도방편　알게되고
모든진리　통달할수　있게되는　것입니다.

4·4. 정법섭수의 공덕

①

정법을~　섭수하는　큰위력을　들으시고
부처님이　기뻐하며　말씀하시　었습니다.

②

옳습니다　보살님~　보살님의　말씀대로
정법섭수　수행하며　생겨나는　복덕력은
참으로~　광대하다　말할수가　있습니다.

③

큰장사가　급소를~　약간만~　건드려도
사람들은　죽을만큼　큰고통을　받습니다.
승~만~　보살님~　완전히~　같습니다.

波旬 痛切愁惱 悲號歎息
파 순 통 절 수 뇌 비 호 탄 식

④

亦復如是 勝鬘 我常不見 餘一善法 令
역 부 여 시 승 만 아 상 불 견 여 일 선 법 영

魔愁惱 猶如少分 攝受正法 勝鬘 譬如
마 수 뇌 유 여 소 분 섭 수 정 법 승 만 비 여

牛王 形色端正 身量殊特 蔽於諸牛 如
우 왕 형 색 단 정 신 량 수 특 폐 어 제 우 여

是 勝鬘 修大乘者 設令少分 攝受正法
시 승 만 수 대 승 자 설 령 소 분 섭 수 정 법

卽能蔽於聲聞獨覺一切善法
즉 능 폐 어 성 문 독 각 일 체 선 법

⑤

勝鬘 又如湏彌山王 高廣嚴麗 蔽於衆山
승 만 우 여 수 미 산 왕 고 광 엄 려 폐 어 중 산

⑥

如是 勝鬘 初趣大乘 以饒益心 不顧身
여 시 승 만 초 취 대 승 이 요 익 심 불 고 신

---

36 파순: 붓다와 그의 제자들의 수행을 방해하는 마왕魔王의 이름. 욕계의 정상에 있는 타화자
　　재천他化自在天의 우두머리와 동급이라고 합니다.

선남선녀　정법섭수　약간만~　하더라도
마파순은³⁶　죽을만큼　큰고통을　받습니다.
④

승~만~　보살님~　승~만~　보살님~
다른어떤　선법들도　악마들을　그렇게~
고통스레　하는것을　본일이~　없습니다.
승~만~　보살님~　승~만~　보살님~
어떤황소　보다도~　대왕황소　멋지듯이
대승이나　정법섭수　아주조금　수행해도
성문이나　연각들의　선근보다　많습니다.
⑤

승~만~　보살님~　승~만~　보살님~
다른어떤　산보다도　수미산의　폭과높이
웅장하고　화려하다　말할수가　있습니다.
⑥

승~만~　보살님~　승~만~　보살님~
몸과마음　재물들에　연연하며　오랫동안

命財 攝受正法 便能超過 顧其身命財
명재 섭수정법 편능초과 고기신명재

久住大乘 一切善根 何况二乘 以廣大故
구주대승 일체선근 하황이승 이광대고

⑦

是故 勝鬘 當以攝受正法 開示教化 一
시고 승만 당이섭수정법 개시교화 일

切有情
체유정

⑧

如是 勝鬘 攝受正法 獲大福利 及大果報
여시 승만 섭수정법 획대복리 급대과보

⑨

勝鬘 我於無數阿僧祇劫 稱讚如是 攝
승만 아어무수아승기겁 칭찬여시 섭

受正法 所有功德 不得邊際
수정법 소유공덕 부득변제

⑩

是故 勝鬘 攝受正法 成就如是 無量功
시고 승만 섭수정법 성취여시 무량공

德
덕

대승의~   일체선근   수행하는   사람보다
대승에~   처음발을   들여놨다   하더라도
몸과마음   재물들에   연연않는   사람들이
짓게되는   선근들이   훨씬더~   많습니다.
성문연각   선근과는   비교할수   없습니다.

⑦

승~만~   보살님~   정법을~   섭수하여
일체중생   빠짐없이   교화토록   하십시오.

⑧

승~만~   보살님~   정법섭수   하게되면
큰이익과   큰과보를   누리게될   것입니다.

⑨

승~만~   보살님~   정법섭수   공덕들은
아승기겁   말하여도   다말할수   없습니다.

⑩

승~만~   보살님~   승~만~   보살님~
정법섭수   공덕들은   한량없이   많습니다.

五. 入一乘
오　입일승

五·一. 一乘
오　일　일승

①

佛告　勝鬘　汝今復應演我所說　攝受正
불고　승만　여금부응연아소설　섭수정

法　一切諸佛　共所愛樂
법　일체제불　공소애요

②

勝鬘白言　善哉　世尊　唯然受敎
승만백언　선재　세존　유연수교

③

世尊　攝受正法者　則名大乘　何以故　大
세존　섭수정법자　즉명대승　하이고　대

乘者　出生一切聲聞獨覺　世出世間　所
승자　출생일체성문독각　세출세간　소

有善法　如阿耨達池　出八大河　如是　大
유선법　여아누달지　출팔대하　여시　대

37　일승: 승乘은 중생을 깨달음으로 인도하는 부처님의 가르침을 뜻하며, 일승은 깨달음에 이르게 하는 오직 하나의 궁극적인 부처님의 가르침을 가리킵니다. 부처님이 중생의 능력이나 소질에 따라 여러 가지로 가르침을 설하였지만, 그것은 결국 하나의 가르침으로 귀착한다는 뜻입니다.

5·1. 일승의 뜻[37]

①

승~만~　보살님~　제가말씀　드리었고

일체모든　부처님이　계속하여　설법하신

정법섭수　대하여서　말씀하여　보십시오.

②

거룩하신　부처님~　말씀드리　겠습니다.

③

거룩하신　부처님~　거룩하신　부처님~

정법섭수　하는것은　대승과~　같습니다.

대승에서　일체모든　성문이나　연각이나

세간이나　출세간의　선법들이　나옵니다.

아누다라[38]　연못에서　큰강여덟　나오듯이

대승에서　일체모든　성문이나　연각이나

---

38 아누다라 연못: 아누달지, 히말리야 산 북쪽에 있던 연못 이름, 아누달은 뜨거운 번뇌가 없
이 시원하다는 뜻입니다.

乘 出生一切聲聞獨覺 世出世間 所有
승 출생일체성문독각 세출세간 소유

善法
선법

④

世尊 又如一切種子 草木叢林 皆依大
세존 우여일체종자 초목총림 개의대

地 而得生長 如是 一切聲聞獨覺 世出
지 이득생장 여시 일체성문독각 세출

世間 所有善法 皆依大乘 而得生長
세간 소유선법 개의대승 이득생장

⑤

是故 世尊 住於大乘 攝受大乘 卽住攝
시고 세존 주어대승 섭수대승 즉주섭

受 聲聞獨覺 世出世間 所有善法
수 성문독각 세출세간 소유선법

⑥

如佛世尊 所說六處 謂正法住 正法滅
여불세존 소설륙처 위정법주 정법멸

別解脫 毘奈耶 正出家 受具足 爲大乘
별해탈 비나야 정출가 수구족 위대승

---

39 선법: 5계五戒와 10선十善과 같이 이치에 맞고, 자신과 세상을 이익되게 하는 법(法), 즉 가
르침 또는 선한 행위와 수행법을 말합니다.

세간이나 출세간의 선법들이 나옵니다.

④

거룩하신 부처님~ 거룩하신 부처님~

대지에~ 의지하여 숲과나무 자라듯이

대승에~ 의지하여 성문이나 연각이나

세간이나 출세간의 선법들이 자랍니다.

⑤

거룩하신 부처님~ 거룩하신 부처님~

대승에~ 머무르고 대승섭수 하는것이

성문이나 연각이나 세간이나 출세간의

선법들에³⁹ 머무르고 섭수하는 것입니다.

⑥

부처님은 대승위해 정법유지 정법소멸

계본·규율⁴⁰출가와~ 구족계를⁴¹ 받는것~

---

40 계본: 종교생활을 하면서 개인이 지켜야 할 규칙들, 비구·비구니가 지켜야 하는 계戒를 조목별로 적은 것, 바라제목차, 별해탈계라고도 합니다. 대승계大乘戒인 보살계의 조문을 적은 보살계본菩薩戒本을 줄여 이렇게 말하기도 합니다.

규율: 스님들의 단체인 승가를 운영하는 과정에서 지켜야 할 규칙들을 말합니다.

41 구족계: 불교에서 비구와 비구니가 받는 계율을 말합니다.

故 說此六處
고 설차륙처

⑦

世尊 所以者何 1) 正法住者 爲大乘說
세존 소이자하 정법주자 위대승설

大乘住者 卽正法住 2) 正法滅者 爲大乘
대승주자 즉정법주 정법멸자 위대승

說 大乘滅者 卽正法滅 3~4) 別解脫 毘奈
설 대승멸자 즉정법멸 별해탈 비나

耶 此之二法 義一名異 毘奈耶者 卽大
야 차지이법 의일명이 비나야자 즉대

乘學 5~6) 所以者何 爲佛出家 而受具足
승학 소이자하 위불출가 이수구족

是故 大乘戒蘊 是毘奈耶 是正出家 是
시고 대승계온 시비나야 시정출가 시

受具足
수구족

여섯사항 자세하게 설해주시 었습니다.

⑦

거룩하신 부처님~ 거룩하신 부처님~

1)

정법이~ 유지되면 대승이~ 유지되어

대승위해 정법유지 설하셨던 것입니다.

2)

정법이~ 소멸되면 대승이~ 소멸되어

대승위해 정법소멸 설하셨던 것입니다.

3) 4)

계본규율 두가지는 실제내용 하나인데

이름만~ 둘이라고 말할수가 있습니다.

규율들은 대승으로 들어가는 문입니다.

5) 6)

부처님이 되기위해 출가하여 계받지만

대승의~ 계본이나 대승의~ 규율들이

참된출가 참된수계 라고할수 있습니다.

⑧

世尊 阿羅漢 無有出家 及 受具足
세존 아라한 무유출가 급 수구족

⑨

何以故 阿羅漢 依如來 出家 受具足故
하이고 아라한 의여래 출가 수구족고

五·二. 阿羅漢 及 辟支佛
오 이 아라한급벽지불

①

世尊 阿羅漢 有怖畏想 歸依如來 何以
세존 아라한 유포외상 귀의여래 하이

故 阿羅漢 於一切行 住怖畏想 如人執
고 아라한 어일체행 주포외상 여인집

劍 欲來害己 是故 阿羅漢 不證出離 究
검 욕래해기 시고 아라한 부증출리 구

竟安樂
경안락

⑧

거룩하신 부처님~ 아라한이[42] 되기위해

출가하지 아니하고 계를받지 않습니다.

⑨

성문제자 아라한은 부처님이 되기위해

부처님께 출가하고 구족계를 받습니다.

5 · 2. 아라한과 벽지불

①

거룩하신 부처님~ 두려움을 갖고있어

아라한은 부처님께 귀의하는 것입니다.

칼을들고 해치려는 적을만난 것과같이

모든시간 장소에서 두려움을 갖고있어,

세상사를 벗어나서 구경열반 이루려고

아라한은 부처님께 귀의하는 것입니다.

---

42 아라한: 소승의 수행자들, 즉 성문승聲聞乘 가운데 최고의 이상상리想像, 나한羅漢이라고도
    합니다. 불교 교학에서는 성인을 예류(預流, 수다원) · 일래(一來, 사다함) · 불환(不還, 아나함) ·
    아라한阿羅漢의 사위四位로 나누어 아라한을 최고의 자리에 놓고 있습니다.

②

世尊　依不求依　如諸眾生　無有歸依　彼
세존　의불구의　여제중생　무유귀의　피

彼恐怖　爲安隱故　求於歸依
피공포　위안은고　구어귀의

③

世尊　如是　阿羅漢　有恐怖故　歸依如來
세존　여시　아라한　유공포고　귀의여래

④

世尊　是故　阿羅漢　及　辟支佛　生法有餘
세존　시고　아라한　급　벽지불　생법유여

梵行未立　所作未辦　當有所斷　未究竟
범행미립　소작미판　당유소단　미구경

故　去涅槃遠
고　거열반원

⑤

世尊　何以故　唯有如來應正等覺　證得
세존　하이고　유유여래응정등각　증득

涅槃　成就無量　不可思議　一切功德　所
열반　성취무량　불가사의　일체공덕　소

---

43 공포: 윤회가 있을 수 있다는 입장에서는, 사람들은 다음 생에 삼악도(三惡道, 지옥·아귀·축
생)나 삼선도(三善道, 아수라·인간·천상)에 태어날 가능성이 있겠다는 공포를 갖게 된다고
할 수 있습니다.

②

거룩하신 부처님~ 거룩하신 부처님~
귀의처는 귀의처를 갈구하지 않습니다.
이런저런 공포들로[43] 편치않은 중생들이
귀의처를 갈구한다 말할수가 있습니다.

③

거룩하신 부처님~ 두려움을 갖고있어
아라한은 부처님께 귀의하는 것입니다.

④

거룩하신 부처님~ 아라한과 벽지불은
태어남이 남아있고 청정행이 미완이며
끊을일이 남아있고 구경열반 못이루어
열반과는 멀리있다 말할수가 있습니다.

⑤

거룩하신 부처님~ 거룩하신 부처님~
오직한분 부처님만 구경열반 이루었고
한량없는 불가사의 일체공덕 이루었고

應斷者 皆悉已斷 究竟清淨 爲諸有情
응단자 개실이단 구경청정 위제유정

之所瞻仰 超過二乘菩薩境界
지소첨앙 초과이승보살경계

⑥

阿羅漢 等 則不如是 言得涅槃 佛之方
아라한 등 즉불여시 언득열반 불지방

便 是故 阿羅漢 等 去涅槃遠
편 시고 아라한 등 거열반원

⑦

世尊 說阿羅漢 及 辟支佛 觀察解脫四
세존 설아라한 급 벽지불 관찰해탈사

智 究竟得蘇息者 皆是 如來隨他意語
지 구경득소식자 개시 여래수타의어

不了義說
불료의설

---

44 네 지혜: 번뇌에서 해탈하는 네 가지 지혜란 '생사가 끝났음을 아는 지혜, 깨끗한 행이 확
립되었음을 아는 지혜, 할 일을 다 끝냈음을 아는 지혜, 다음 생에 몸을 받지 않음을 아는
지혜'를 가리킵니다. 본서에서는 '생사윤회 끝을내고, 청정행을 확립하고, 끊을일을 모두
끊고, 윤회삶을 벗어났다'로 표현하고 있습니다. '번뇌 해탈'의 모습을 4가지 측면에서 표
현하였다고 볼 수도 있습니다.

모든것을　끊었으며　구경청정　이루어서
중생들의　존경존중　온전하게　받습니다.
성문연각　보살들은　이룰수가　없습니다.

⑥

성문연각　보살들은　이룰수가　없지마는
부처님이　방편으로　이루었다　말하는데
이들모두　열반과는　멀다할수　있습니다.

⑦

거룩하신　부처님～　거룩하신　부처님～
'아라한과　벽지불은　네지혜를[44]　얻었으니
번뇌에서　해탈하고　오롯하게　쉴수있다'
이말역시　방편이라　말할수가　있습니다.
궁극적인　가르침～　이라할수　없습니다.

⑧

何以故 有二種死 何等爲二 一者分段
하 이 고　유 이 종 사　하 등 위 이　일 자 분 단

二者變易 分段死者 謂相續有情 變易
이 자 변 역　분 단 사 자　위 상 속 유 정　변 역

死者 謂阿羅漢 及 辟支佛 自在菩薩 隨
사 자　위 아 라 한　급　벽 지 불　자 재 보 살　수

意生身 乃至菩提
의 생 신　내 지 보 리

⑨

二種死中 以分段死說 阿羅漢 及 辟支
이 종 사 중　이 분 단 사 설　아 라 한　급　벽 지

佛 生於我生已盡之智 由能證得有餘果
불　생 어 아 생 이 진 지 지　유 능 증 득 유 여 과

故 生於梵行已立之智
고　생 어 범 행 이 립 지 지

⑩

一切愚夫所不能作 七種學人未能成辦
일 체 우 부 소 불 능 작　칠 종 학 인 미 능 성 판

---

45 자신의 원력에 의하여 몸을 받는 것, 다시 태어나는 것을 말합니다.

⑧

죽음에는 두가지가 있을수~ 있습니다.
윤회윤회 이어지는 중생들의 분단사와
성문연각 보살들의 깨달음의 과정에서
의생신을[45] 얻기위한 변역사가 있습니다.

⑨

분단사를 끝내고선 생사윤회 끝냈다고
말을하는 아라한과 벽지불도 있습니다.
유여과를[46] 증득하곤 청정행을 확립했다
말을하는 아라한과 벽지불도 있습니다.

⑩

범부들은 상속번뇌 끊어내지 못합니다.
완전하게 못끊고선 완전하게 끊어냈다

---

46 유여과, 사향사과, 무여과: 사향사과는 초기 불교에서 성문(부처님 제자들)들이 수다원須陀
洹·사다함斯陀含·아나함阿那含·아라한阿羅漢의 성자가 되기 위해 수행하는 단계인 수다원
향·사다함향·아나함향·아라한향의 사향四向과, 거기에 도달한 경지인 수다원과·사다함
과·아나함과·아라한과의 사과四果를 가리킵니다. 가장 낮은 단계부터 나열하면, '수다원
향 수다원과 사다함향 사다함과 아나함향 아나함과 아라한향 아라한과'가 됩니다. 아라한
은 아라한과를 증득한 수행자를 가리킵니다. 아라한은 무여과라고 할 수 있습니다. 아라한
과 이하는 '유여과'라고 할 수 있습니다.

相續煩惱 究竟斷故 生於所作已辦之智
상 속 번 뇌 구 경 단 고 생 어 소 작 이 판 지 지

⑪

世尊 說生不受後有智者 謂阿羅漢 及
세 존 설 생 불 수 후 유 지 자 위 아 라 한 급

辟支佛 不能斷於一切煩惱 不了一切受
벽 지 불 불 능 단 어 일 체 번 뇌 불 료 일 체 수

生之智
생 지 지

⑫

何以故 是阿羅漢 及 辟支佛 有餘煩惱
하 이 고 시 아 라 한 급 벽 지 불 유 여 번 뇌

不斷盡故 不能了知 一切受生
부 단 진 고 불 능 요 지 일 체 수 생

五·三. 煩惱·解脫
오 삼 번 뇌 해 탈

①

煩惱有二 謂住地煩惱 及 起煩惱
번 뇌 유 이 위 주 지 번 뇌 급 기 번 뇌

---

47 일곱단계 수행자: 수다원~아라한의 사향四向·사과四果 중 아라한 밑에 7단계를 말합니다.

48 몸 보시: 부처님의 전생담을 번뇌: 중생을 괴롭히고 산란하게 하는 마음 작용, 중생을 어지럽히고 미혹하게 하는 마음 작용을 말합니다. 승만경에서는 번뇌를 주지번뇌와 기번뇌로 나눕니다. 그리고 주지번뇌는 다시 일반주지번뇌와 무명주지번뇌로 분류합니다. 다시 일

말을하는 일곱단계 수행자도[47] 있습니다.

⑪

거룩하신 부처님~ 다음생을 받지않을

지혜있다 말을하는 아라한과 벽지불은

일체번뇌 끊어냈다 말할수가 없습니다.

다음생을 완전하게 안다할수 없습니다.

⑫

아라한과 벽지불은 번뇌남아 있습니다.

완전하게 끊어냈다 말할수가 없습니다.

다음생을 완전하게 안다할수 없습니다.

5·3. 번뇌와 해탈

①

번뇌에는[48] 주지번뇌 기번뇌가 있습니다.

반주지 번뇌는 견일주지(견일처주지) 번뇌, 욕애주지 번뇌, 색애주지 번뇌, 유애주지 번뇌 등 4가지로 분류합니다. 이 4가지 번뇌로부터 갖가지 번뇌가 일어나는데 이를 기번뇌라고 합니다. 기번뇌는 찰나찰나 마음따라 일어나는 번뇌, 현재적 번뇌를 가리킵니다.

②

一般住地有四　何等爲四　謂見一住地
일 반 주 지 유 사　하 등 위 사　위 견 일 주 지

欲愛住地　色愛住地　有愛住地
욕 애 주 지　색 애 주 지　유 애 주 지

③

世尊　此四住地　能生一切　遍起煩惱　起
세 존　차 사 주 지　능 생 일 체　변 기 번 뇌　기

煩惱者　刹那刹那　與心相應
번 뇌 자　찰 나 찰 나　여 심 상 응

④

世尊　無明住地　無始時來　心不相應
세 존　무 명 주 지　무 시 시 래　심 불 상 응

⑤

世尊　四住地力　能作遍起煩惱所依　比
세 존　사 주 지 력　능 작 변 기 번 뇌 소 의　비

49　일반주지 번뇌: 모든 현재적 번뇌가 머무는(住) 근거지(地)가 되는 번뇌를 가리킵니다. 잠재적 번뇌라고 할 수 있습니다. 다른 승만경에서는 '주지번뇌'로 표현하고 있는데, 무명주지와 구분하기 위하여 "정본 승만경"에서는 일반주지 번뇌로 표기하였습니다.

50　견일주지 번뇌: 견일처주지 번뇌를 줄인 말, 한 곳만 보는 편견으로 잠재된 번뇌를 말합니다.

51　욕애주지 번뇌: 욕망에 대한 집착으로 잠재된 번뇌를 말합니다.

52　색애주지 번뇌: 육체에 대한 집착으로 잠재된 번뇌를 말합니다.

53　유애주지 번뇌: 생존에 대한 집착으로 잠재된 번뇌를 말합니다.

②

일반주지　번뇌에는⁴⁹　견일주지　번뇌와~⁵⁰

욕애주지　번뇌와~⁵¹　색애주지　번뇌와~⁵²

유애주지　번뇌등~⁵³　네번뇌가　있습니다.

③

거룩하신　부처님~　거룩하신　부처님~

일반주지　네번뇌가　찰나찰나　마음따라

일체모든　기번뇌를　일으키는　것입니다.

④

거룩하신　부처님~　무명주지　번뇌는~⁵⁴

시작을~　알수없는　때부터~　있어왔고

마음과~　상관없이　일어나는　것입니다.

⑤

거룩하신　부처님~　거룩하신　부처님~

가지가지　기번뇌를　일으키는　네가지의

일반주지　번뇌힘은　무명주지　번뇌와는

54　무명주지 번뇌: 우리 마음에 원인을 전혀 알 수 없는 문득 일어나는 번뇌들을 말합니다.

無明住地 算數譬喻 所不能及
무 명 주 지 산 수 비 유 소 불 능 급

⑥

世尊 如是無明住地 於有愛數四住地
세 존 여 시 무 명 주 지 어 유 애 수 사 주 지

其力寂大
기 력 최 대

⑦

譬如魔王 色力威德 及衆眷屬 蔽於他
비 여 마 왕 색 력 위 덕 급 중 권 속 폐 어 타

化自在諸天 如是無明住地 蔽四住地
화 자 재 제 천 여 시 무 명 주 지 폐 사 주 지

過恒沙數 煩惱所依 亦令四種煩惱久住
과 항 사 수 번 뇌 소 의 역 령 사 종 번 뇌 구 주

⑧

聲聞獨覺智 不能斷 唯有如來智 所能
성 문 독 각 지 불 능 단 유 유 여 래 지 소 능

斷
단

⑨

世尊 如是如是 無明住地 其力寂大
세 존 여 시 여 시 무 명 주 지 기 력 최 대

비교할수　없을만큼　아주아주　약합니다.

⑥

거룩하신　부처님~　거룩하신　부처님~
무명주지　번뇌힘은　일반주지　번뇌보다
비교할수　없을만큼　아주아주　강합니다

⑦

대마왕의　형상상호　빛남능력　권속권위
타화자재　하늘을~　덮을만큼　강하듯이
강가강의　모래보다　훨씬많은　기번뇌가
의지하는　네가지의　일반주지　번뇌보다
무명주지　번뇌힘이　훨씬더~　강합니다.
일반주지　번뇌영속　시키는~　것입니다.

⑧

성문연각　무명주지　끊어내지　못합니다.
부처님의　지혜로만　끊을수가　있습니다

⑨

거룩하신　부처님~　참으로~　강합니다.

⑩

世尊 如取爲緣 有漏業因 而生三有
세 존 여 취 위 연 유 루 업 인 이 생 삼 유

⑪

如是 無明住地爲緣 無漏業因 能生 阿
여 시 무 명 주 지 위 연 무 루 업 인 능 생 아

羅漢 及 辟支佛 大力菩薩 隨意生身 此
라 한 급 벽 지 불 대 력 보 살 수 의 생 신 차

之三地 隨意生身 及 無漏業 皆以無明
지 삼 지 수 의 생 신 급 무 루 업 개 이 무 명

住地 爲所依處
주 지 위 소 의 처

⑫

世尊 是故 三種隨意生身 及 無漏業 皆
세 존 시 고 삼 종 수 의 생 신 급 무 루 업 개

---

55 유루업과 무루업: 유루업은 미혹한 생존을 초래한 번뇌나 그릇된 행위를 가리키며, 무루업은 번뇌가 없는 깨달음에 이르게 하는 청정한 수행을 가리킵니다. '승만경'에서는 성문·연각·보살의 무루업은 진정한 무루업이 아니라 무명주지 번뇌가 있는 무루업이어서 완전한 깨달음에 이르지 못한다고 지적하고 있습니다.

56 욕계:우리가 살고 있는 욕망의 세계이며, 지옥계·아귀계·짐승계·인간계·아수라계·천상계를 말합니다.
색계: 여기서 색色이란 욕계의 그런 일반적인 물질이 아니고, 아주 미묘한 물질을 말합니다. 색계色界란 오묘하고 미묘한 물질의 천상계를 말합니다. 색계 4선정의 삼매를 성취한 분들만 갈 수 있습니다.

무명주지 번뇌의힘 참으로~ 강합니다.
⑩

거룩하신 부처님~ 거룩하신 부처님~
유루업이[55] 인이되고 집착들이 연이되어
욕계색계[56] 무색계의[57] 존재들이 생깁니다.
⑪

무루업이 인이되고 무명주지 연이되어
성문연각 보살들의 의생신이 생깁니다.
세종류의 의생신은 '무루업이 인이되고
무명주지 번뇌들이 연이되어' 생깁니다.
⑫

거룩하신 부처님~ 거룩하신 부처님~
무루업과 세종류~ 의생신~ 사이에는
무명주지 연으로서 작용하고 있습니다.
유루업과 세종류~ 존재들~ 사이에는

---

57 무색계: 몸이 없고 오로지 마음만이 있는 곳, 무색계 4선정에 든 분들만 갈 수 있습니다.

以無明住地爲緣 同於有愛
이 무 명 주 지 위 연 　동 어 유 애

⑬

世尊 有愛住地數四住地 不與無明住地
세 존 　유 애 주 지 수 사 주 지 　불 여 무 명 주 지

業同 無明住地異四住地 異四住地唯佛
업 동 　무 명 주 지 이 사 주 지 　이 사 주 지 유 불

能斷
능 단

⑭

何以故 阿羅漢 辟支佛 斷四住地 無漏
하 이 고 　아 라 한 　벽 지 불 　단 사 주 지 　무 루

不盡 不得自在 不能現證
부 진 　불 득 자 재 　불 능 현 증

⑮

何以故 世尊 無漏不盡者 卽是 無明住
하 이 고 　세 존 　무 루 부 진 자 　즉 시 　무 명 주

地 是故 阿羅漢 辟支佛 及 㝡後有諸菩
지 　시 고 　아 라 한 　벽 지 불 　급 　최 후 유 제 보

薩等 爲無明住地 所覆蔽故 於彼彼法
살 등 　위 무 명 주 지 　소 부 폐 고 　어 피 피 법

58　同於有愛: 한문만 보아서는 해석하기 힘든데, ⑩과 논리적으로 일관되도록 해석합니다.

일반주지 연으로서 작용하고 있습니다.⁵⁸

⑬

거룩하신 부처님~ 일반주지 업의힘은
무명주지 업의힘과 같다할수 없습니다.
일반주지 업과달리 무명주지 업의힘은
오직한분 부처님만 끊을수가 있습니다.

⑭

아라한과 벽지불도 일반주지 끊지마는
무루업이⁵⁹ 남아있어 자재력을 못이루고
최고바른 깨달음을 이룰수가 없습니다.

⑮

거룩하신 부처님~ 거룩하신 부처님~
무루업이 남아있는 성문연각 보살들은
무명주지 번뇌들에 덮여있어 이것저것

---

59 무루업(성문·연각·보살): 원래 무루업은 완전한 깨달음으로 가는 수행 행위인데, 여기서 거
론하는 성문·연각·보살의 무루업은 무명주지 번뇌를 떨치지 못한 불완전한 무루업이라
고 할 수 있습니다. '무루업이 남아있는'은 '무루업 속에 무명주지 번뇌 혹은 무명주지 번
뇌로 인한 문득문득 일어나는 잘못된 생각이나 행위가 남아있는'으로 볼 수 있습니다.

不知不見
부 지 불 견

⑯

以不知見 於彼彼法 應斷不斷 應盡不
이 부 지 견 어 피 피 법 응 단 부 단 응 진 부

盡 於彼彼法 不斷不盡故 得有餘解脫
진 어 피 피 법 부 단 부 진 고 득 유 여 해 탈

非一切解脫 得有餘淸淨 非一切淸淨
비 일 체 해 탈 득 유 여 청 정 비 일 체 청 정

得有餘功德 非一切功德
득 유 여 공 덕 비 일 체 공 덕

⑰

世尊 以得有餘解脫 非一切解脫 乃至
세 존 이 득 유 여 해 탈 비 일 체 해 탈 내 지

有餘功德 非一切功德故 知有餘苦 斷
유 여 공 덕 비 일 체 공 덕 고 지 유 여 고 단

有餘集 證有餘滅 修有餘道
유 여 집 증 유 여 멸 수 유 여 도

⑱

爾時 勝鬘夫人復白佛言 世尊 若復知
이 시 승 만 부 인 부 백 불 언 세 존 약 부 지

---

60 해탈, 무여해탈, 유여해탈: 해탈은 번뇌의 속박에서 벗어난 자유 자재한 경지를 말합니다.
모든 번뇌를 남김없이 소멸한 열반의 상태, 번뇌에서 완전히 벗어난 상태를 무여해탈, 덜

볼수조차 없습니다 깨달을수 없습니다.

⑯

알수없고 볼수없고 끊어내지 못하여서

일체해탈 못이루고 유여해탈[60] 이뤘으며

일체청정 못이루고 유여청정 이뤘으며

일체아닌 유여공덕 이루었을 뿐입니다.

⑰

거룩하신 부처님~ 거룩하신 부처님~

일체해탈 못이루고 유여해탈 이뤘으며

일체공덕 못이루고 유여공덕 이룬사람

유여고만 알고있고 유여집만 끊었으며

유여멸만 이루었고 유여도만 행합니다.

⑱

거룩하신 부처님~ 거룩하신 부처님~

유여고만 알고있고 유여집만 끊었으며

벗어난 상태를 유여해탈이라고 합니다. 여기서 유여해탈(성문·연각·보살)은 무명주지 번뇌에서는 벗어나지 못한 상태임을 가리킵니다.

有餘苦 斷有餘集 證有餘滅 修有餘道
유여고 단유여집 증유여멸 수유여도

是名少分滅度 證少分涅槃 向涅槃界
시명소분멸도 증소분열반 향열반계

⑲

若知一切苦 斷一切集 證一切滅 修一
약지일체고 단일체집 증일체멸 수일

切道 彼於無常敗壞世間 得證常寂 清
체도 피어무상패괴세간 득증상적 청

涼涅槃
량열반

⑳

世尊 彼於無護無依世間 爲護爲依
세존 피어무호무의세간 위호위의

㉑

何以故 於諸法中 見高下者 不證涅槃
하이고 어제법중 견고하자 부증열반

㉒

智平等者 解脫等者 清淨等者 乃證涅
지평등자 해탈등자 청정등자 내증열

유여멸만　이루었고　유여도만　행한사람
불완전한　열반만을　증득한~　것입니다.
열반세계　향해있다　말할수가　있습니다.
⑲

일체고를　알고있고　일체집을　끊었으며
일체멸을　이루었고　일체도를　수행해야
무상하게　부서지고　망가지는　세간에서
성성적적　청량열반　이룰수가　있습니다.
⑳

거룩하신　부처님~　거룩하신　부처님~
보호처나　귀의처가　전혀없는　세간에서
부처님만　보호처나　귀의처가　되십니다.
㉑

뛰어남과　열등함을　구분하는　사람들은
성성적적　청량열반　이룰수가　없습니다.
㉒

지혜가~　평등하고　해탈이~　평등하고

槃 是故 涅槃名等一味 云何一味謂解
반 시고 열반명등일미 운하일미위해

脫味
탈미

㉓

世尊 若無明住地 不斷不盡 不得 涅槃
세존 약무명주지 부단부진 부득 열반

一味等味
일미등미

㉔

何以故 無明住地 不斷不盡故 過恒沙
하이고 무명주지 부단부진고 과강사

等 一切過法 應斷不斷 應盡不盡 過恒
등 일체과법 응단부단 응진부진 과강

沙等 一切過法 不斷不盡故 過恒沙等
사등 일체과법 부단부진고 과강사등

諸功德法 不了不證
제공덕법 불료부증

㉕

世尊 是故 無明住地 與於一切 所應斷
세존 시고 무명주지 여어일체 소응단

法 諸隨煩惱 爲生處故 從於彼生 障心
법 제수번뇌 위생처고 종어피생 장심

청정이~   평등해야   열반을~   얻습니다.
열반에는   한가지맛   해탈의맛   뿐입니다.
㉓

거룩하신   부처님~   거룩하신   부처님~
무명주지   다못끊어   남아있는   사람들은
한가지맛   해탈의맛   알아챌수   없습니다.
㉔

무명주지   다못끊어   남아있는   사람들은
강가강의   모래보다   훨씬많은   끊어야할
번뇌들을   완전하게   끊어내지   못하여서
강가강의   모래보다   훨씬많은   공덕들을
깨달을수   없게되고   증득할수   없습니다.
㉕

거룩하신   부처님~   거룩하신   부처님~
끊어야할   일체모든   부수적인   번뇌들은
무명주지   번뇌들을   연하여서   생깁니다.

煩惱　障止煩惱　障觀煩惱　障靜慮煩惱
번뇌　장지번뇌　장관번뇌　장정려번뇌

如是　乃至　障三摩鉢底　加行　智　果　證
여시　내지　장삼마발저　가행　지　과　증

力　無畏
력　무외

㉖

世尊　所有過恒沙等　一切煩惱　如來菩
세존　소유과강사등　일체번뇌　여래보

提　佛金剛智之所能斷
리　불금강지지소능단

㉗

諸起煩惱　一切皆依無明住地　無明住地
제기번뇌　일체개의무명주지　무명주지

爲因緣故
위인연고

㉘

世尊　此起煩惱　刹那刹那　與心相應　世
세존　차기번뇌　찰나찰나　여심상응　세

---

61 사마(사마타): 마음을 한곳에 집중하여 산란을 멈추고 평온하게 된 상태를 말합니다.

62 삼매: 마음이 들뜨거나 침울하지 않는 평온에 이른 상태를 말합니다.

63 힘(오력五力): 역력은 활동을 뜻합니다. 깨달음에 이르게 하는 다섯 가지 활동. (1) 신력信力: 부처의 가르침을 믿음. (2) 정진력精進力: 힘써 수행함. (3) 염력念力: 부처의 가르침을 명심하여 마음에 챙김. (4) 정력定力: 마음을 한곳에 모아 흐트러지지 않게 함. (5) 혜력慧力: 부

마음장애   사마장애⁶¹ 관찰장애   선정장애
삼매장애⁶² 방편장애   지혜장애   과보장애
증득장애   힘장애 ~⁶³ 무외장애⁶⁴ 번뇌들은
무명주지   번뇌들에   연하여서   생깁니다.
⑳

거룩하신   부처님~   거룩하신   부처님~
강가강의   모래보다   많은모든   번뇌들도
부처님의   지혜로는   끊을수가   있습니다.
㉗

일체모든   기번뇌는   무명주지   번뇌들에
의지하여   생긴다고   말할수가   있습니다.
무명주지   인이되고   연하여서   생깁니다.
㉘

거룩하신   부처님~   일체모든   기번뇌는
찰나찰나   마음따라   일어나는   것입니다.

처님의 가르침을 꿰뚫어 봄.

64 무외: 진리에 대한 확신으로 어떠한 장애가 와도 두려움이 없으며, 자신감을 가지고 가르
    침을 설하므로 누구에게도 두려움이 없음을 뜻합니다.

尊 無明住地 從無始來 心不相應
존 무명주지 종무시래 심불상응

㉙

世尊 若復過恒河沙 如來菩提 佛金剛
세존 약부과강가사 여래보리 불금강

智 所應斷法 一切皆是 無明住地依持
지 소응단법 일체개시 무명주지의지

建立
건립

㉚

譬如一切種子叢林 皆依大地之所生長
비여일체종자총림 개의대지지소생장

若地壞者 彼亦隨壞 如是 過恒沙等 如
약지괴자 피역수괴 여시 과강사등 여

來菩提 佛金剛智 所應斷法 一切 皆依
래보리 불금강지 소응단법 일체 개의

無明住地之所生長 若彼無明住地斷者
무명주지지소생장 약피무명주지단자

過恒沙等 如來菩提 佛金剛智 所應斷
과강사등 여래보리 불금강지 소응단

法 皆亦隨斷
법 개역수단

거룩하신 부처님~ 무명주지 번뇌는~
마음과는 무관하게 일어나는 것입니다.
                ㉙

거룩하신 부처님~ 거룩하신 부처님~
무명주지 의지하여 생겨나는 번뇌들이
강가강의 모래보다 더많다고 하더라도
부처님의 지혜로는 끊을수가 있습니다.
                ㉚

땅바닥에 의지하여 숲과나무 생겨나고
땅바닥이 없어지면 숲과나무 사라지듯
무명주지 의지하여 '부처님의 금강지로[65]
끊어야할 일체모든 번뇌들'이 생겨나고
무명주지 없어지면 '부처님의 금강지로
끊어야할 번뇌들'도 사라지는 것입니다.

---

65 금강지: 모든 번뇌를 깨뜨리는 부처님의 지혜를 말합니다.

世尊 如是 過恒沙等 所應斷法 一切煩
세존 여시 과강사등 소응단법 일체번

惱 及 起煩惱 皆已斷故 便能證得過恒
뇌 급 기번뇌 개이단고 편능증득과강

沙等 不可思議諸佛之法 於一切法 而
사등 불가사의제불지법 어일체법 이

能證得 無礙神通 得諸智見 離一切過
능증득 무애신통 득제지견 이일체과

得諸功德 爲大法王 於法自在
득제공덕 위대법왕 어법자재

㉜

證一切法 自在之地 正師子吼 我生已
증일체법 자재지지 정사자후 아생이

盡 梵行已立 所作已辦 不受後有
진 범행이립 소작이판 불수후유

㉝

是故 世尊 以師子吼 依於了義 一向記說
시고 세존 이사자후 의어료의 일향기설

---

66 신통: 수행으로 갖추게 되는 불가사의하고 자유 자재한 능력을 말합니다.

67 지견: 智見과 知見은 같은 의미로 사용되기도 합니다. 올바르고 명료하게 아는 능력, 분별
    하지 않고 대상을 있는 그대로 직관하는 능력을 말합니다.

㉛
거룩하신 부처님~ 거룩하신 부처님~
강가강의 모래보다 훨씬많은 기번뇌등
끊어야할 번뇌들을 빠짐없이 모두끊어
강가강의 모래보다 훨씬많은 불가사의
부처님의 최고바른 깨달음을 이루어서
무애신통⁶⁶ 증득하고 지견까지⁶⁷ 증득하고
모든잘못 벗어나고 모든공덕 이루어야
자재하신 대법왕이 될수있는 것입니다.
㉜
일체법을 증득하고 사자후를 하십니다.
'생사윤회 끝을내고 청정행을 확립하고
끊을일을 모두끊고 윤회삶을 벗어났다'
자재한~ 경지에서 사자후를 하십니다.
㉝
부처님이 궁극적인 가르침에 의지하여
총체적인 내용으로 설법하신 것입니다.

五·四. 不受後有智 二種
오 사 불수후유지 이종
①

世尊 不受後有智 有二種 何謂爲二
세존 불수후유지 유이종 하위위이

一者 謂諸如來 以調御力 摧伏四魔 超
일자 위제여래 이조어력 최복사마 초

諸世間 一切有情之所瞻仰 證不思議
제세간 일체유정지소첨앙 증부사의

清淨法身 於所知地 得法自在 冣勝無
청정법신 어소지지 득법자재 최승무

上 更無所作 不見更有 所證之地 具足
상 갱무소작 불견갱유 소증지지 구족

十力 登於冣勝 無畏之地 於一切法 無
십력 등어최승 무외지지 어일체법 무

礙觀察 正師子吼 不受後有
애관찰 정사자후 불수후유

二者 世尊 謂阿羅漢 及 辟支佛 得度無
이자 세존 위아라한 급 벽지불 득도무

---

68 네 마귀(四魔): 중생을 괴롭히고 수행을 방해하는 네 가지를 말합니다. (1) 온마蘊魔: 여러
가지 괴로움을 일으키는 오온五蘊 (2) 번뇌마煩惱魔: 몸과 마음을 어지럽히는 탐貪·진瞋·치
癡 등 (3) 사마死魔: 목숨을 빼앗아 가는 죽음 (4) 천마天魔: 수행을 방해하는 타화자재천他
化自在天의 마왕魔王과 그 권속.

5·4. 두 가지 지혜

①

거룩하신　부처님~　　계속되는　윤회에~

끌려가지　않을지혜　두가지가　있습니다.

첫째 지혜

네마귀를[68]　항복시켜　모든세간　벗어나고

중생들의　존경받고　청정법신　이루고서

알아야할　모든것을　빠짐없이　모두알고

해야할일　증득할일　더이상~　없게되고

십력갖춰[69]　최고의~　무외경지　이루고서

일체모든　진리들을　걸림없이　바라보고

윤회에서　벗어났다　자신있게　설법하는

오직한분　부처님의　첫째지혜　있습니다.

둘째 지혜

거룩하신　부처님~　　거룩하신　부처님~

---

69 십력: 부처님만이 갖추고 있는 열 가지 능력, '이치에 맞는 것과 맞지 않는 것을 분명히 구
　　별하는 능력' 등 10가지가 있습니다.

量 生死怖畏 受解脫樂 作如是念 我今
량 생 사 포 외 수 해 탈 락 작 여 시 념 아 금

已離生死怖畏 不受諸苦 阿羅漢 辟支
이 리 생 사 포 외 불 수 제 고 아 라 한 벽 지

佛 如是觀察 謂不受後有 不證第一 蘇
불 여 시 관 찰 위 불 수 후 유 부 증 제 일 소

息涅槃
식 열 반

②

世尊 彼等 於未證地 不遇法故 能自解
세 존 피 등 어 미 증 지 불 우 법 고 능 자 해

了 我今 證得有餘依地 決定當證 阿耨
료 아 금 증 득 유 여 의 지 결 정 당 증 아 누

多羅三藐三菩提
다 라 삼 먁 삼 보 리

③

何以故 聲聞獨覺 皆入大乘
하 이 고 성 문 독 각 개 입 대 승

윤회공포　벗어나고　해탈기쁨　누리면서
윤회공포　윤회고통　벗어났음　알지마는
'윤회에~　끌려가지　않는다고　하더라도
반열반을[70]　이루지는　못했음도　알고있는'
아라한과　벽지불의　둘째지혜　있습니다.

②

거룩하신　부처님~　거룩하신　부처님~
아라한과　벽지불은　반열반을　못이루고
참된진리　못만나서　'유여열반　이뤘지만
최고바른　깨달음을　반드시~　이루리라
결정코~　이루리라'　맹서하고　있습니다.

③

성문이나　연각의길　가고있는　사람들은
대승의길　들어가려　하고있는　것입니다.

---

70 반열반: 산스끄리뜨어 parinirvāṇa의 음사, 멸멸·멸도滅度라고 번역, 육신의 완전한 소멸,
　　석가의 죽음, 또는 모든 번뇌를 완전히 소멸한 상태를 말합니다.

④

世尊 大乘者 卽是佛乘 是故 三乘卽是
세존　대승자　즉시불승　시고　삼승즉시

一乘 證一乘者 得阿耨多羅三藐三菩提
일승　증일승자　득아누다라삼먁삼보리

⑤

世尊 阿耨多羅三藐三菩提者 卽是涅槃
세존　아누다라삼먁삼보리자　즉시열반

言涅槃者 卽是如來淸淨法身 證法身者
언열반자　즉시여래청정법신　증법신자

卽是一乘 一乘者 無異如來 無異法身
즉시일승　일승자　무이여래　무이법신

⑥

世尊 言如來者 卽是法身 證究竟法身
세존　언여래자　즉시법신　증구경법신

者 卽究竟一乘
자　즉구경일승

---

71 삼승: 삼승은 성문승, 연각승, 보살승을 가리킵니다.

④

거룩하신 부처님~ 거룩하신 부처님~
대승의길 가는사람 부처님길 가게되고
삼승의길[71] 가는사람 일승의길 가게되고
일승의길 가는사람 깨달음을 이룹니다.

⑤

거룩하신 부처님~ 거룩하신 부처님~
깨달음을 증득하면 반열반을 증득하고
반열반을 증득하면 청정법신 이룹니다.
청정법신 증득하면 일승의길 가게되고
일승의길 가게되면 부처님과 다름없고
법신과도 다름없다 말할수가 있습니다.

⑥

거룩하신 부처님~ 부처님은 법신이고
구경법신 온전하게 이루었다 라는말은
일승의길 온전하게 가고있다 뜻입니다.

⑦

世尊 究竟一乘者 卽離相續
세존 구경일승자 즉리상속

⑧

何以故 世尊 如來住時 無有限量 等於
하이고 세존 여래주시 무유한량 등어

後際 如來 能以無限大悲無限誓願 利
후제 여래 능이무한대비무한서원 이

益世間 作是說者 是名善說
익세간 작시설자 시명선설

⑨

若復說言 如來 是常 是無盡法 一切世
약부설언 여래 시상 시무진법 일체세

間究竟依者 亦名善說
간구경의자 역명선설

⑩

世尊 是故 能於無護世間無依世間 與
세존 시고 능어무호세간무의세간 여

等後際 作無盡歸依 常住歸依 究竟歸
등후제 작무진귀의 상주귀의 구경귀

依者 謂如來應正等覺 世尊 法者 是一
의자 위여래응정등각 세존 법자 시일

⑦

거룩하신 부처님~ 거룩하신 부처님~
일승의길 온전하게 가고있다 라는말은
윤회에서 완전하게 벗어났다 뜻입니다.

⑧

거룩하신 부처님~ '여래응공 정등각은
세상사람 행복위해 한량없는 대자비와
한량없는 서원으로 한량없는 세월동안
이세상에 머무신다' 이런말을 하는사람
바른말을 하고있다 말할수가 있습니다.

⑨

'부처님은 항상하며 부처님법 무량하며
모든세간 귀의한다' 이런말을 하는사람
바른말을 하고있다 말할수가 있습니다.

⑩

거룩하신 부처님~ 거룩하신 부처님~
보호처나 귀의처가 전혀없는 세간에서

乘道 僧者 是三乘衆 此二歸依 非究竟
승도 승자 시삼승중 차이귀의 비구경

依 名少分依
의 명소분의

⑪

何以故 說一乘道 證究竟法身 於後更
하이고 설일승도 증구경법신 어후갱

無說 一乘道 三乘衆者 有恐怖故 歸依
무설 일승도 삼승중자 유공포고 귀의

如來 求出修學 有所作故 向阿耨多羅
여래 구출수학 유소작고 향아누다라

三藐三菩提故 二依 非究竟依 是有限
삼막삼보리고 이의 비구경의 시유한

依
의

⑫

世尊 若諸有情 如來調伏 歸依如來 得
세존 약제유정 여래조복 귀의여래 득

法津潤 由信樂心 歸依於法及僧 是二
법진윤 유신요심 귀의어법급승 시이

오직한분　여래응공　정등각~　부처님만
무~진~　　귀의처~　상~주~　귀의처~
구~경~　　귀의처라　말할수가　있습니다.
거룩하신　부처님~　거룩하신　부처님~
법이라고　하는말은　일승의길　뜻합니다.
승이라고　하는말은　삼승대중　뜻합니다.
두귀의는　구경귀의　충분귀의　아닙니다.
⑪

일승의길　가게되면　구경법신　이룹니다.
일승의길　따로더~　설명할것　없습니다.
성문연각　보살들은　공포에서　벗어나려
여래에게　귀의하여　깨달음을　구합니다.
두귀의는　구경귀의　무한귀의　아닙니다.
⑫

거룩하신　부처님~　부처님께　조복하면
부처님께　귀의한다　말할수가　있습니다.

歸依 此二歸依 由法津潤信入 非歸依
귀의 차이귀의 유법진윤신입 비귀의

如來
여래

⑬

歸依如來者 非法津潤信入歸依 言如來
귀의여래자 비법진윤신입귀의 언여래

者 是眞實依 此二歸依 以眞實義 卽名
자 시진실의 차이귀의 이진실의 즉명

究竟歸依如來
구경귀의여래

⑭

何以故 二歸依 不異如來 如來 不異 此
하이고 이귀의 불이여래 여래 불이 차

二歸依 是故 如來卽三歸依 何以故 說
이귀의 시고 여래즉삼귀의 하이고 설

一乘道 如來㝡勝具四無畏 正師子吼
일승도 여래최승구사무외 정사자후

---

72 사무외: 부처님과 보살님들이 네 가지 두려움을 갖고 있지 않아 설법하는 데에 망설이거나
주저함이 없다는 뜻입니다. 부처님에게 갖추어져 있는 사무외는 '정등각무외(正等覺無畏,
모든 법을 제대로 알고 온전하게 깨달았기 때문에 두려울 것이 없음), '누영진무외(漏永盡無畏, 모든
번뇌가 이미 다 소멸되었으므로 두려울 것이 없음), 설장법무외(說障法無畏, 수행 길에 장애가 되는
것들을 모두 설했다는 데 두려움이 없음), 설출도무외(說出道無畏, 괴로움의 세계에서 벗어나 해탈에
이르는 길을 모두 설했다는 데 두려움이 없음)을 가리킵니다.

법이좋다　법을믿고　법과승에　귀의하는
두귀의는　법을믿고　믿음으로　들어가서
부처님께　귀의한다　말할수가　없습니다.
⑬

부처님께　귀의함은　법이좋아　법을믿고
법에귀의　하는것과　같다할수　없습니다.
불귀의가　참귀의라　말할수가　있습니다.
법귀의와　승귀의~　두귀의도　진실하면
불귀의가　될수있다　말할수가　있습니다.
⑭

두귀의가　없어지면　불귀의도　없어지고,
불귀의가　없어지면　두귀의도　없어져서,
불귀의는　삼귀의와　같다할수　있습니다.
사무외를[72]　성취하신　부처님이　설하신법
일승의길　뿐이라고　말할수가　있습니다.

⑮

若諸如來 隨彼所欲 而以方便 說於三
약 제 여 래　수 피 소 욕　이 이 방 편　설 어 삼

乘 即是大乘 以第一義 無有三乘 三乘
승　즉 시 대 승　이 제 일 의　무 유 삼 승　삼 승

者 同入一乘 一乘者 即勝義乘
자　동 입 일 승　일 승 자　즉 승 의 승

六. 無邊聖諦
육　무 변 성 제
①

世尊 聲聞獨覺 初證聖諦 非以一智 斷
세 존　성 문 독 각　초 증 성 제　비 이 일 지　단

諸住地 亦非一智 證四遍知 諸功德等
제 주 지　역 비 일 지　증 사 변 지　제 공 덕 등

亦非以法 能善了知 此四法義
역 비 이 법　능 선 료 지　차 사 법 의
②

世尊 於出世智 無有四智 漸至漸緣
세 존　어 출 세 지　무 유 사 지　점 지 점 연

---

73 성제, 사성제: 성제는 성스러운 진리, 곧 사성제를 말합니다. 사성제는 불교 중심교리의 하나로 '네 가지 매우 훌륭한 진리'인 고제苦諦·집제集諦·멸제滅諦·도제道諦를 말합니다.

부처님이　방편으로　삼승을~　설하심은
대승의길　보인거라　말할수가　있습니다.
근본에서　보게되면　삼승은~　없습니다.
삼승은~　일승으로　들어가는　과정이고
일승이~　궁극적인　가르침인　것입니다.

6장 한없이 성스러운 진리

①

거룩하신　부처님~　거룩하신　부처님~
성문이나　연각들의　초보적인　성제로는⁷³
주지번뇌　완전하게　끊을수가　없습니다.
사성제의　공덕들을　증득할수　없습니다.
사성제의　의미들을　알아볼수　없습니다.

②

거룩하신　부처님~　출세간의　지혜에는
단계단계　접근하는　사성제가　없습니다.

③

世尊 出世間智 無漸至法 如金剛喩
세존 출세간지 무점지법 여금강유

④

世尊 聲聞獨覺 以於種種聖諦之智 斷
세존 성문독각 이어종종성제지지 단

諸住地 無有出世第一義智
제주지 무유출세제일의지

⑤

世尊 唯有如來應正遍知 非諸聲聞獨覺
세존 유유여래응정변지 비제성문독각

境界 以不思議空性之智 能破一切諸煩
경계 이부사의공성지지 능파일체제번

惱殼
뇌각

⑥

世尊 破煩惱殼 究竟之智 是名出世 第
세존 파번뇌각 구경지지 시명출세 제

一義智 初聖諦智 非究竟智 是於趣向
일의지 초성제지 비구경지 시어취향

③

거룩하신   부처님~   거룩하신   부처님~
출세간의   지혜는~   금강석과   같습니다.
점진적인   속성들은   찾아볼수   없습니다.

④

거룩하신   부처님~   성문이나   연각들의
초보적인   성제로도   주지번뇌   끊지마는
출세간의   지혜라고   말할수는   없습니다.

⑤

거룩하신   부처님~   거룩하신   부처님~
부처님만   불가사의   공성지혜   이루어서
일체모든   번뇌각을   깨뜨릴수   있습니다.
성문이나   연각들은   깨뜨릴수   없습니다.

⑥

거룩하신   부처님~   거룩하신   부처님~
번뇌각을   송두리째   깨뜨릴수   있는지혜
출세간의   구경지혜   라고하는   것입니다.

阿耨多羅三藐三菩提智
아 뇩 다 라 삼 먁 삼 보 리 지

⑦

世尊 眞聖義者 卽非二乘 何以故 聲聞
세 존 진 성 의 자 즉 비 이 승 하 이 고 성 문

獨覺 唯能成就少分功德 名之爲聖
독 각 유 능 성 취 소 분 공 덕 명 지 위 성

⑧

世尊 言聖諦者 非諸聲聞獨覺之諦 及
세 존 언 성 제 자 비 제 성 문 독 각 지 제 급

彼功德
피 공 덕

⑨

世尊 此諦者 唯有如來應正等覺 初始
세 존 차 제 자 유 유 여 래 응 정 등 각 초 시

了知 然後 爲彼無明殼藏世間衆生 開
료 지 연 후 위 피 무 명 각 장 세 간 중 생 개

示演說 故名聖諦
시 연 설 고 명 성 제

초보적인 성제들은 구경지혜 아닙니다.
최고바른 깨달음을 지향하는 것입니다.

⑦

거룩하신 부처님~ 성문이나 연각들은
참으로~ 성스럽다 말할수가 없습니다.
성문이나 연각들은 유여공덕 이루었고
성제의뜻 이루려고 하고있는 것입니다.

⑧

거룩하신 부처님~ 성문연각 성제들은
참된성제 아닙니다 참된공덕 아닙니다.

⑨

거룩하신 부처님~ 거룩하신 부처님~
부처님이 처음으로 온전하게 깨달아서
'무명속에 갇혀있는 중생위해 설하신법'
참~된~ 성제라고 말할수가 있습니다.

七. 如來藏
칠 여래장

①

世尊 此聖諦者 甚深微妙 難見難了 不
세존 차성제자 심심미묘 난견난료 불

可分別 非思量境 一切世間 所不能信
가분별 비사량경 일체세간 소불능신

唯有如來應正等覺之所能知
유유여래응정등각지소능지

②

何以故 此說甚深如來之藏 如來藏者
하이고 차설심심여래지장 여래장자

是佛境界 非諸聲聞獨覺所行
시불경계 비제성문독각소행

③

世尊 於如來藏 說聖諦義 此如來藏 甚
세존 어여래장 설성제의 차여래장 심

深微妙 所說聖諦 亦復深妙 難見難了
심미묘 소설성제 역부심묘 난견난료

不可分別 非思量境 一切世間所不能信
불가분별 비사량경 일체세간소불능신

---

74 여래장: 산스끄리뜨어 tathāgata-garbha, 본래부터 중생의 마음속에 감추어져 있는 여래가
될 가능성, 중생의 마음속에 저절로 갈무리되어 있는 여래의 청정한 씨앗을 말합니다.

75 승만경은 '여래장의 존재'를 사성제와 같은 성제로 중시하고 있습니다.

①

거룩하신 부처님~   말씀드린 성제들은

깊디깊고 미묘하여 이해하기 어려우며

분별하기 어려우며 헤아릴수 없습니다.

세상일반 사람들은 믿을수가 없습니다.

오직한분 부처님만 알아볼수 있습니다.

②

여래장도[74] 깊디깊다 말할수가 있습니다.

오직한분 부처님만 알아볼수 있습니다.

성문이나 연각들은 알아볼수 없습니다.

③

거룩하신 부처님~   거룩하신 부처님~

여래장은 성제로만 설명할수 있습니다.[75]

성제로서 설명할수 밖에없는 여래장은

깊디깊고 미묘하여 이해하기 어려우며

분별하기 어려우며 헤아리기 어려우며

唯有如來應正等覺之所能知
유유여래응정등각지소능지

八. 佛法身
팔 불법신

①

世尊 若於無量煩惱所纏 如來之藏 不
세존 약어무량번뇌소전 여래지장 불

疑惑者 於出一切煩惱之藏 如來法身
의혹자 어출일체번뇌지장 여래법신

亦無疑惑
역무의혹

②

世尊 若有於此如來之藏 及佛法身 不
세존 약유어차여래지장 급불법신 불

可思議 佛祕密境 心得究竟 於彼所說
가사의 불비밀경 심득구경 어피소설

二聖諦義 能信能了 能生勝解
이성제의 능신능료 능생승해

---

76 경계: 매우 다양하게 사용됩니다. 수행으로 도달한 결과, 과거의 업에 따라주어진 현재의
지위나 처지, 모든 감각 기관에 의해 지각할 수 있는 대상, 인식이 미치는 범위, 단순히 장
소나 영역, 처자나 권속, 자기의 세력이 미치는 범위, 할 수 있는 일들 등을 말합니다.

세상일반 사람들은 믿을수가 없습니다.
오직한분 부처님만 알아볼수 있습니다.

8장 법의 몸

①

거룩하신 부처님~ 거룩하신 부처님~
한량없는 번뇌들의 더미속에 싸여있는
여래장을 의심하지 아니하고 믿는다면,
한량없는 번뇌들의 더미에서 벗어난~
여래법신 믿지않을 수가없을 것입니다.

②

거룩하신 부처님~ 여래장과 여래법신
불가사의 부처님의 비밀경계[76] 확신하면
두종류의 사성제를 믿게되고 알게되고
이해할수 있게된다 말할수가 있습니다.

③

世尊 何等名爲 二聖諦義 所謂有作 及
세존 하등명위 이성제의 소위유작 급

以無作
이 무 작

④

有作聖諦者 是不圓滿四聖諦義 何以故
유작성제자 시불원만사성제의 하이고

由他護故 而不能得 知一切苦 斷一切
유타호고 이불능득 지일체고 단일체

集 證一切滅 修一切道 是故 不知 有爲
집 증일체멸 수일체도 시고 부지 유위

無爲 生死及於涅槃
무위 생사급어열반

⑤

世尊 無作聖諦者 是說圓滿四聖諦義
세존 무작성제자 시설원만사성제의

何以故 能自護故 知一切苦 斷一切集
하이고 능자호고 지일체고 단일체집

證一切滅 修一切道
증일체멸 수일체도

③

거룩하신 부처님~ 두종류의 사성제란
유작위와 무작위의 사성제를 말합니다.

④

타인에게 의지하는 유작위의 사성제는
일체고를 알지못해 일체집을 끊지못해
일체멸을 증득못해 일체도를 수행못해
유작무작 윤회열반 이해하지 못합니다.
원만한~ 사성제라 말할수가 없습니다.

⑤

거룩하신 부처님~ 거룩하신 부처님~
자신에게 의지하는 무작위의 사성제는
일체고를 모두알고 일체집을 모두끊고
일체멸을 증득하고 일체도를 수행하여
원만한~ 사성제라 말할수가 있습니다.

⑥

如是所說 八聖諦義 如來 但以四聖諦
여 시 소 설 팔 성 제 의 여 래 단 이 사 성 제

說 於此無作四聖諦義
설 어 차 무 작 사 성 제 의

⑦

世尊 唯有如來應正等覺 作事究竟
세 존 유 유 여 래 응 정 등 각 작 사 구 경

⑧

非阿羅漢及辟支佛 力所能及 何以故
비 아 라 한 급 벽 지 불 역 소 능 급 하 이 고

非諸勝劣下中上法 能證涅槃
비 제 승 렬 하 중 상 법 능 증 열 반

⑨

云何 如來 無作聖諦 得事究竟
운 하 여 래 무 작 성 제 득 사 구 경

⑩

謂諸如來應正等覺 遍知諸苦 斷諸煩惱
위 제 여 래 응 정 등 각 변 지 제 고 단 제 번 뇌

及 超煩惱所攝集 能證一切意生身蘊所
급 초 번 뇌 소 섭 집 능 증 일 체 의 생 신 온 소

---

77 무작위: 단어 뜻은 '일부러 꾸미거나 뜻을 더하지 아니함'이나, 여기서는 경전 내용으로 이
해해야 합니다. 즉, 타인에게 의지하지 아니하고 자신에게 의지하는 것을 말합니다.

⑥

지금까지 팔성제뜻 이야기를 하였으나
부처님이 설법하신 참된뜻의 사성제는
무작위의 사성제를 의미하는 것입니다.

⑦

거룩하신 부처님~ 오직한분 부처님만
무작위의 사성제를 이룰수가 있습니다.

⑧

아라한과 벽지불은 이룰수가 없습니다.
상중하의 분별로는 열반증득 못합니다.

⑨

어찌하여 부처님만 무작위의[77] 사성제를
이룰수가 있다라고 말하는지 아십니까?

⑩

오직한분 부처님만 일체고를 모두알고
일체번뇌 끊어내고 일체집을 벗어나고
의생신의 오온에서 일체멸을 증득하고

有滅 及 修一切道
유멸 급 수일체도

⑪

世尊 非壞法故 名爲滅 何以故 如來法
세존 비괴법고 명위멸 하이고 여래법

身 名爲滅 言滅者 無始無作 無起無盡
신 _ 명위멸 _ 언멸자 무시무작 무기무진

常住不動 本性淸淨 出煩惱穀
상주부동 본성청정 출번뇌각

⑫

世尊 如來成就 過於恒沙 具解脫智 不
세존 여래성취 과어강사 구해탈지 부

思議法 說名法身
사의법 설명법신

⑬

世尊 如是法身 不離煩惱 名如來藏
세존 여시법신 불리번뇌 명여래장

일체도를　수행한다　말할수가　있습니다.
⑪

거룩하신　부처님~　거룩하신　부처님~

멸성제는　법의파괴　말하는것　아닙니다.

부처님의　법의몸을　멸성제라　말합니다.

멸성제는　일체모든　번뇌에서　벗어나서,

시작없음　작위없음　생김없음　다함없음

항상있음　변동없음　청정함을　말합니다.
⑫

거룩하신　부처님~　거룩하신　부처님~

부처님은　강가강의　모래보다　훨씬많은

해탈지를　구족하고　부사의법　깨달았고

법의몸을　이루었다　말할수가　있습니다.
⑬

거룩하신　부처님~　거룩하신　부처님~

번뇌들을　온전하게　못벗어난　법의몸을

여래장~　이라고~　말을하는　것입니다.

九. 空性義隱覆眞實
구 공성의은부진실

①

世尊 如來藏者 卽是如來空性之智
세존 여래장자 즉시여래공성지지

②

世尊 如來藏者 一切聲聞獨覺 大力菩
세존 여래장자 일체성문독각 대력보

薩 所未曾見 亦未曾得 唯佛了知 及能
살 소미증견 역미증득 유불요지 급능

作證
작증

③

世尊 此如來藏 空性之智 復有二種 何
세존 차여래장 공성지지 부유이종 하

等爲二 謂空如來藏 若離若脫若異 一
등위이 위공여래장 약리약탈약이 일

切煩惱 世尊 不空如來藏 過於恒沙 不
체번뇌 세존 불공여래장 과어강사 불

離不脫不異 不思議佛法
리불탈불이 부사의불법

9장 공 여래장과 불공 여래장

①

거룩하신 부처님~ 거룩하신 부처님~
여래장과 공성지혜 같다할수 있습니다.

②

거룩하신 부처님~ 성문연각 보살들은
여래장을 볼수없고 증득할수 없습니다.
부처님만 볼수있고 증득할수 있습니다.

③

거룩하신 부처님~ 거룩하신 부처님~
공성지혜 여래장은 두가지가 있습니다.
공여래장 불~공~ 여래장이 있습니다.
'일체번뇌 벗어던진 번뇌없는 공여래장'
'강가강의 모래보다 훨씬많은 부처님법
모두있는 불~공~ 여래장'이 있습니다.[78]

---

78 공 여래장, 불공 여래장: 여래장의 성격을 밝히고 있는데, 여래장은 일체 번뇌에서 벗어난 '자성청정'하며(공 여래장), 모든 부처님법을 담고 있음(불공 여래장)을 밝히고 있습니다. 이러한 성격의 여래장은 13장 '자성 청정'에서 보듯이 모든 중생에게 있습니다.

④

世尊 此二空智 諸大聲聞 由信能入
세존 차이공지 제대성문 유신능입

⑤

世尊 如是一切聲聞獨覺空性之智 於四
세존 여시일체성문독각공성지지 어사

倒境 攀緣而轉
도경 반연이전

⑥

是故 一切聲聞獨覺 所未曾見 亦未曾
시고 일체성문독각 소미증견 역미증

證 一切滅 唯佛現證 壞諸煩惱 修一切
증 일체멸 유불현증 괴제번뇌 수일체

道
도

④

거룩하신 부처님~   성문제자 아라한도

믿음으로 두지혜를   짐작할수 있습니다.

⑤

거룩하신 부처님~   거룩하신 부처님~

성문이나 연각들의   공성지혜 관점으론

상락아정 제대로~   이해할수 없습니다.[79]

⑥

성문연각 멸성제를   볼수조차 없습니다.

증득할수 있다고도   말할수가 없습니다.

부처님만 일체모든   번뇌들을 극복하고

멸로가는 일체도를   닦을수가 있습니다.

부처님만 일체멸을   증득할수 있습니다.

---

79 '於四倒境 攀緣而轉'은 '4가지 잘못된 견해(혹은 경계)를 반연으로 해서 작용할 뿐이다.'로
어 사 도 경   반 연 이 전
번역할 수 있습니다. 四倒境은 8장 '법의 몸'에서 설법한 '유작위의 사성제'로 볼 수 있는
사 도 경
데, 이러한 유작위의 사성제에서는 '무상·고·무아·부정'을 강조합니다. 그러나 여래의 법
신 그리고 여래장을 중심으로 하여 판단할 때, 그 자체가 상락아정常樂我淨임을 알 수 있습
니다. 반연은 '대상에 의해 마음이 움직임, 인연에 끌림'을 말합니다.

十. 一聖諦義
십   일성체의

①

世尊 此四諦中 三諦無常 一諦是常
세존　차사제중　삼제무상　일제시상

②

何以故 如是三諦 入有爲相 有爲相者
하이고　여시삼제　입유위상　유위상자

則是無常
즉시무상

③

言無常者 是破壞法 破壞法者 非諦 非
언무상자　시파괴법　파괴법자　비제　비

常 非歸依處
상　비귀의처

④

是故 三諦 以第一義 非諦非常非歸依
시고　삼제　이제일의　비제비상비귀의

處
처

80　고성제: 인생을 살아가는 데에는 괴로움이 있다는 진리를 말합니다.

81　집성제: 괴로움이 일어나는 원인은 탐내어 집착하는 데 있다는 진리를 말합니다.

82　도성제: 팔정도八正道가 집착을 소멸시키는 수행법이라는 진리를 말합니다.

83　멸성제: 괴로움은 소멸될 수 있으며, 소멸된 상태가 열반이라는 진리를 말합니다.

①

거룩하신 부처님~ 고집멸도 사성제중

고성제와[80] 집성제와[81] 도성제는[82] 무상하고

멸성제만[83] 항상하다 말할수가 있습니다.

②

고성제와 집성제와 도성제는 유위상~

유위상은[84] 어떤것도 항상하지 않습니다.

③

항상하지 아니하여 파괴되는 것은모두

진실하지 아니하고 순간순간 변화하여

참~된~ 귀의처가 될수없는 것입니다.

④

고성제와 집성제와 도성제는 근본에서

진실하지 아니하고 순간순간 변화하여

참~된~ 귀의처가 될수없는 것입니다.

---

84 유위상(유위법): 여러 인연으로 생성되어 변해 가는 모든 현상을 말합니다.

十一. 寂靜一依
십일 적정일의

①

世尊 一滅聖諦 離有爲相 離有爲相 則
세존 일멸성제 이유위상 이유위상 즉

性常住
성상주

②

性常住者 非破壞法 非破壞者 是諦是
성상주자 비파괴법 비파괴자 시제시

常 是歸依處
상 시귀의처

③

世尊 是故 滅聖諦 以勝義故 是諦是常
세존 시고 멸성제 이승의고 시체시상

是歸依處
시귀의처

11장 일 귀의처

①

거룩하신 부처님~   거룩하신 부처님~
사성제중 멸성제만 무위상에[85] 속합니다.
유위상을 떠나있어 상주하는 것입니다.

②

상주하는 성품들은 파괴되지 않습니다.
파괴되지 아니하고 진실하며 항상하여
참~된~   귀의처가 될수있는 것입니다.

③

거룩하신 부처님~   거룩하신 부처님~
멸성제만 근본에서 진실하고 항상하여
참~된~   귀의처가 될수있는 것입니다.

---

85 무위상(무위법): 진실하며 항상한 모습, 보통 허공, 열반을 예로 드는데 관점에 따라 다양할
수 있습니다. 승만경에서는 멸성제, 법신, 여래장을 무위상으로 보고 있습니다.

十二. 顚倒眞實
십이 전도진실

①

世尊 此滅聖諦 是不思議 過諸有情心
세존 차멸성제 시부사의 과제유정심

識境界 亦非一切聲聞獨覺智 所能及
식경계 역비일체성문독각지 소능급

②

譬如 生盲 不見衆色, 七日嬰兒 不見日
비여 생맹 불견중색 칠일영아 불견일

輪, 滅聖諦者 亦復如是 非諸凡夫心識
륜 멸성제자 역부여시 비제범부심식

所緣 亦非一切聲聞獨覺智之境界
소연 역비일체성문독각지지경계

③

世尊 凡夫識者 謂二邊見 一切聲聞獨
세존 범부식자 위이변견 일체성문독

覺智者 名爲淨智 言邊見者 於五取蘊
각지자 명위정지 언변견자 어오취온

執着爲我 生異分別
집착위아 생이분별

---

86 변견(변집견): 극단으로 치우친 견해를 말합니다.

①

거룩하신 부처님~ 불가사의 멸성제는
중생들의 인식으론 헤아릴수 없습니다.
성문이나 연각들도 이해할수 없습니다.

②

장님들은 형상들을 전혀보지 못합니다.
칠일되는 아기들은 태양빛을 못봅니다.
범부들은 멸성제를 헤아릴수 없습니다.
성문이나 연각들도 이해할수 없습니다.

③

거룩하신 부처님~ 거룩하신 부처님~
범부들의 인식들은 치우친~ 변견이며[86]
성문들의 인식이나 연각들의 인식들도
청정한~ 지혜라고 말할수도 있지마는
이들역시 오온들을 자기라고 집착하여
분별하는 변견이라 말할수가 있습니다.

④

世尊 邊見有二 何者爲二 所謂常見 及
세존　변견유이　하자위이　소위상견　급

斷見
단견

⑤

世尊 若復有見 諸行無常 是斷見 非正
세존　약부유견　제행무상　시단견　비정

見 涅槃是常 是常見 非正見 非斷常見
견　열반시상　시상견　비정견　비단상견

是名正見
시명정견

⑥

世尊 何以故 諸計度者 見身諸根 受者
세존　하이고　제계탁자　견신제근　수자

思者 現法滅壞 於有相續 不能了知 盲
사자　현법멸괴　어유상속　불능료지　맹

無慧目 起於斷見
무혜목　기어단견

---

87 여기서 이야기하는 '무상과 열반'은 '성문·연각'이 말하는 '무상과 열반'을 가리킨다고 볼
　　수 있습니다.

④

거룩하신 부처님~ 거룩하신 부처님~
변견에는 상견단견 두가지가 있습니다.

⑤

거룩하신 부처님~ 거룩하신 부처님~
모든것이 무상하다 생각하는 단견이나
열반세계 영원하다 생각하는 상견이나
어느것도 정견이라 말할수가 없습니다.[87]
단견에도 안걸리고 상견에도 안걸려야
참~된~ 정견이라 말할수가 있습니다.

⑥

거룩하신 부처님~ 거룩하신 부처님~
윤회윤회 상속되어 연결됨은 못보고서
몸과감관 느낌생각 현생에서 파괴되어
없어짐만 보는것을 단견이라[88] 말합니다.

---

88 단견: 세간世間과 자아自我는 사후死後에 없어진다는 견해를 말합니다.

⑦

世尊 於心相續 刹那滅壞 愚闇不了 意
세존 어심상속 찰나멸괴 우암불료 의

識境界 起於常見
식경계 기어상견

⑧

世尊 然彼彼義 過諸分別 及下劣見 由
세존 연피피의 과제분별 급하열견 유

諸愚夫 妄生異想 顚倒執着 謂斷謂常
제우부 망생이상 전도집착 위단위상

⑨

世尊 顚倒有情 於五取蘊 無常常想 苦
세존 전도유정 어오취온 무상상상 고

爲樂想 無我我想 不淨淨想
위락상 무아아상 부정정상

⑩

世尊 聲聞獨覺 所有淨智 於如來境 及
세존 성문독각 소유정지 어여래경 급

---

89 상견: 사후死後에도 없어지지 않는 존재가 있다는 견해를 말합니다.

⑦

거룩하신 부처님~ 거룩하신 부처님~
심식경계 소멸생기 윤회윤회 연속인데
소멸됨을 못보는걸 상견이라[89] 말합니다.

⑧

거룩하신 부처님~ 어리석은 사람들은
지나치게 분별하고 모자라게 분별하여
엉뚱한~ 상상이나 뒤바뀐~ 집착으로
가지가지 단견이나 상견들을 짓습니다.

⑨

거룩하신 부처님~ 어리석은 중생들은
항상하지 않은오온 항상하다 생각하고,
괴롭고~ 힘든것을 즐겁다고 생각하고,
실재하지 않은것을 실재한다 생각하고
더러운걸 깨끗하다 생각하는 것입니다.

⑩

거룩하신 부처님~ 거룩하신 부처님~

佛法身 所未曾見
불법신 소미증견

⑪

或有衆生 信如來故 於如來所 起於常
혹유중생 신여래고 어여래소 기어상

想樂想我想 及於淨想 非顚倒見 即是
상락상아상 급어정상 비전도견 즉시

正見
정견

⑫

何以故 如來法身 是 常波羅蜜 樂波羅
하이고 여래법신 시 상바라밀 낙바라

蜜 我波羅蜜 淨波羅蜜 若諸有情 作如
밀 아바라밀 정바라밀 약제유정 작여

是見 是名正見
시견 시명정견

⑬

若正見者 名眞佛子 從佛口生 從正法
약정견자 명진불자 종불구생 종정법

生 從法化生 得佛法分
생 종법화생 득불법분

성문연각 지혜들이 청정하다 하더라도
여래경계 여래법신 알아볼수 없습니다.
⑪

부처님의 말씀믿고 망상에서 벗어나서
부처님에 대하여서 항상한다 즐거웁다
실재한다 깨끗하다 생각하는 사람들은
바른견해 정견한다 말할수가 있습니다.
⑫

'부처님의 법의몸은 상바라밀 낙바라밀
아바라밀 정바라밀 온전하게 수행한다'
이런생각 하고있는 일체모든 사람들은
바른견해 정견한다 말할수가 있습니다.
⑬

이와같이 바른견해 정견으로 사는사람
말씀따라 생활하며 정법따라 생활하며
교리따라 생활하며 부처님법 이어받은
참~된~ 불자라고 말할수가 있습니다.

⑭

世尊 言淨智者 則是一切聲聞獨覺 智
세존 언정지자 즉시일체성문독각 지

波羅蜜 此之淨智 於滅聖諦 尚非境界
바라밀 차지정지 어멸성제 상비경계

況滅聖諦 是四入流智之所行
황멸성제 시사입류지지소행

⑮

何以故 三乘初業 不愚法者 能於彼義
하이고 삼승초업 불우법자 능어피의

當證當了 世尊 爲何義故 說四入流 世
당증당료 세존 위하의고 설사입류 세

尊 此四入流 是世間法
존 차사입류 시세간법

⑯

世尊 能一入流 於諸入流 爲寂爲上 以
세존 능일입류 어제입류 위최위상 이

第一義 是爲入流 是爲歸依 是滅聖諦
제일의 시위입류 시위귀의 시멸성제

⑭

거룩하신　부처님~　　거룩하신　부처님~
성문이나　연각들의　지~혜~　　바라밀을
맑디맑은　청정지라　말하기도　하지마는
이로서는　멸성제를　볼수조차　없습니다.
이로어찌　멸성제를　닦을수가　있으리오

⑮

거룩하신　부처님~　　거룩하신　부처님~
진리법에　처음눈뜬　삼승의길　초보자도
부처님이　설법하신　사성제를　이해하나
세간의~　시각으로　이해하는　것입니다.

⑯

거룩하신　부처님~　　거룩하신　부처님~
멸성제는　다른어떤　성제보다　뛰어나며
참~된~　귀의처라　말할수가　있습니다.

十三. 自性清淨
십삼 자성청정

①

世尊 生死者 依如來藏 以如來藏故 說
세존 생사자 의여래장 이여래장고 설

前際不可了知
전제불가료지

②

世尊 有如來藏 故得有生死 是名善說
세존 유여래장 고득유생사 시명선설

③

世尊 生死者 諸受根滅 無間相續 未受
세존 생사자 제수근멸 무간상속 미수

根起 名爲生死
근기 명위생사

④

世尊 生死二法 是如來藏 於世俗法 名
세존 생사이법 시여래장 어세속법 명

爲生死
위생사

---

90 자성청정장: 13장은 '여래장'의 章章이라고 할 수 있을 만큼 여래장을 설명하고 있습니다.

①

거룩하신 부처님~ 거룩하신 부처님~

시작조차 알수없는 여래장에 의지하여

삶과죽음 계속계속 연결되고 있습니다.

②

거룩하신 부처님~ 거룩하신 부처님~

여래장이 있으므로 윤회하고 있다라는

사람들은 옳은말을 하고있는 것입니다.

③

거룩하신 부처님~ 윤회는~ 감각기관

없어짐과 생겨남을 반복하는 것입니다.

④

거룩하신 부처님~ 거룩하신 부처님~

여래장이 사라졌다 나타나는 것을두고

사람들은 죽음출생 이라하는 것입니다.

⑤

世尊 死者 諸受根滅 生者 諸受根起 如
세 존　사 자　제 수 근 멸　생 자　제 수 근 기　여

來藏者 則不生不死 不昇不墜
래 장 자　즉 불 생 불 사　불 승 불 추

⑥

世尊 離有爲相 如來藏者 常恒不壞
세 존　이 유 위 상　여 래 장 자　상 항 불 괴

⑦

是故 世尊 如來藏者 與不離解脫智藏
시 고　세 존　여 래 장 자　여 불 리 해 탈 지 장

是依是持 是爲建立
시 의 시 지　시 위 건 립

⑧

世尊 亦與外離 不解脫智 諸有爲法 依
세 존　역 여 외 리　불 해 탈 지　제 유 위 법　의

⑤

거룩하신 부처님~ 거룩하신 부처님~
죽음은~ 감각기관 사라지는 것입니다.
태어남은 감각기관 나타나는 것입니다.
여래장은 죽지않고 태어나지 않습니다.
가지도~ 아니하고 오지도~ 않습니다.

⑥

거룩하신 부처님~ 유위상을 떠나있는
여래장은 파괴되어 없어지지 아니하고
항상하며 영원하다 말할수가 있습니다.

⑦

거룩하신 부처님~ 거룩하신 부처님~
여래장은 해탈지~ 본래법성 무위법의
의지유지 건립처가 된다할수 있습니다.

⑧

거룩하신 부처님~ 거룩하신 부처님~
여래장은 불해탈지 일체외부 유위법의

持建立
지 건 립

⑨

世尊 若無如來藏者 應無 厭苦樂求涅
세존 약무여래장자 응무 염고락구열

槃
반

⑩

何以故 於此六識 及 以所知 如是七法
하이고 어차륙식 급 이소지 여시칠법

刹那不住 不受衆苦 不堪厭離 願求涅
찰나부주 불수중고 불감염리 원구열

槃
반

⑪

世尊 如來藏者 無有前際 無生無滅 法
세존 여래장자 무유전제 무생무멸 법

受諸苦 彼爲厭苦 願求涅槃
수제고 피위염고 원구열반

⑫

世尊 如來藏者 非有我人衆生壽者 如
세존 여래장자 비유아인중생수자 여

의지유지 건립처가 된다할수 있습니다.

⑨

거룩하신 부처님~ 거룩하신 부처님~
여래장이 없게되면 괴로움을 피하거나
열반을~ 구할수가 없게되는 것입니다.

⑩

여섯인식 어찌됐든 다른인식 어찌됐든
고정되어 있지않고 찰나적인 존재여서
고통회피 열반추구 할수없는 것입니다.

⑪

거룩하신 부처님~ 시작없고 생멸없는
여래장이 일체모든 고통들을 감지하며
고통회피 열반추구 할수있는 것입니다.

⑫

거룩하신 부처님~ 거룩하신 부처님~
자기중심 인간중심 중생중심 생명중심
생각하는 사람들은 여래장을 모릅니다.

來藏者 身見有情 顚倒有情 空見有情
래장자 신견유정 전도유정 공견유정

非所行境
비소행경

⑬

世尊 如來藏者 是法界藏 是法身藏 出
세존 여래장자 시법계장 시법신장 출

世間藏 性淸淨藏
세간장 성청정장

⑭

世尊 此本性淨 如來藏者 如我所解 縱
세존 차본성정 여래장자 여아소해 종

爲客塵 煩惱所染 猶是不可思議 如來
위객진 번뇌소염 유시불가사의 여래

境界
경계

⑮

何以故 世尊 刹那刹那 善不善心 客塵
하이고 세존 찰나찰나 선불선심 객진

煩惱 所不能染
번뇌 소불능염

자기몸을 실체라고 생각하는 중생이나
어리석은 전도중생 공견속의⁹¹ 중생들은
여래장을 있는대로 이해할수 없습니다.
⑬

거룩하신 부처님~ 거룩하신 부처님~
여래장의 별칭으론 법계장~ 법신장~
출세간장 성청정장 네가지가 있습니다.
⑭

거룩하신 부처님~ 거룩하신 부처님~
객진번뇌 오염되는 여래장의 자성청정
불가사의 부처님만 이해할수 있습니다.
⑮

거룩하신 부처님~ 거룩하신 부처님~
착한마음 찰나찰나 번뇌에~ 물안들고
악한마음 번뇌에~ 물이들지 않습니다.

---

91 공견: 공空에 집착하는 그릇된 견해, 모든 존재와 가치를 부정하는 견해, 인과因果를 부정
하는 견해를 말합니다.

⑯

世尊 何以故 煩惱不觸心 心不觸煩惱
세존 하이고 번뇌불촉심 심불촉번뇌

云何 不觸法 而能得染心
운하 불촉법 이능득염심

⑰

世尊 由有煩惱 有隨染心 隨煩惱染 難
세존 유유번뇌 유수염심 수번뇌염 난

解難了
해난료

⑱

唯佛世尊 爲眼爲智 爲法根本 爲尊爲
유불세존 위안위지 위법근본 위존위

導 爲正法依 如實知見
도 위정법의 여실지견

⑲

爾時 世尊 歎勝鬘夫人 言 善哉善哉 勝
이시 세존 탄승만부인 언 선재선재 승

⑯

거룩하신 부처님~ 거룩하신 부처님~
번뇌도~ 마음에~ 접촉하지 아니하고
마음도~ 번뇌에~ 접촉하지 아니한데
접촉없이 마음어찌 물들수가 있으리요?

⑰

거룩하신 부처님~ 번뇌가~ 있으니까
번뇌에~ 물이드는 마음도~ 있습니다
번뇌따라 마음이~ 물이든다 라는말은
참으로~ 이해하기 어려울수 있습니다.

⑱

부처님은 바른견해 바른지혜 갖추시어
법의근본 되시면서 법을매우 잘아시어
올바른~ 귀의처가 될수있는 것입니다.

⑲

부처님이 기뻐하며 말씀하시 었습니다.
승~만~ 보살님~ 승~만~ 보살님~

鬘 如汝所說 性淸淨心 隨煩惱染 難可
만　여여소설　성청정심　수번뇌염　난가

了知
료지

⑳

復次 勝鬘 有二種法 難可了知 何等爲
부차　승만　유이종법　난가료지　하등위

二 謂性淸淨心 難可了知 彼心爲煩惱
이　위성청정심　난가료지　피심위번뇌

染 亦難了知
염　역난료지

㉑

勝鬘 如此二法 汝及成就大法菩薩 乃
승만　여차이법　여급성취대법보살　내

能聽受
능청수

㉒

勝鬘 諸餘聲聞 由信能解
승만　제여성문　유신능해

참으로~ 옳습니다. 보살님의 말씀대로
자성청정 마음인데 번뇌에~ 물드는건
참으로~ 이해하기 어려운~ 것입니다.
⑳

승~만~ 보살님~ 승~만~ 보살님~
두가지다 이해하기 어려운~ 것입니다.
자성청정 마음도~ 이해하기 어려웁고,
번뇌에~ 물이듦도 이해하기 힘듭니다.
㉑

승~만~ 보살님~ 보살님등 큰보살만
이런사실 알아들을 수가있는 것입니다.
㉒

승~만~ 보살님~ 성문등의 사람들은
믿음을~ 통해서만 이해할수 있습니다.

十四. 如來眞子
십사 여래진자

①

勝鬘 若我弟子 增上信者 隨順法智 於
승만 약아제자 증상신자 수순법지 어

此法中 而得究竟
차법중 이득구경

②

勝鬘 順法智者 觀根識境 觀察業報 觀
승만 순법지자 관근식경 관찰업보 관

羅漢眠 觀心自在 愛樂禪樂 觀聲聞獨
라한면 관심자재 애요선락 관성문독

覺大力菩薩 聖神變通
각대력보살 성신변통

③

勝鬘 由成就此五善巧觀 現在未來 聲
승만 유성취차오선교관 현재미래 성

聞弟子 因增上信 隨順法智 善能解了
문제자 인증상신 수순법지 선능해료

①

승~만~　보살님~　승~만~　보살님~

믿음키워　법지혜에　수순하는　불자들은

구경열반　온전하게　이룰수가　있습니다.

②

승~만~　보살님~　믿음키워　법지혜에

수순하는　불자들은　대상들을　바로보고

업보들을　바로보고　나한번뇌　바로보고

자기마음　다스리는　선정락을　바로보고

성문연각　보살신통　바로볼수　있습니다.

③

승~만~　보살님~　승~만~　보살님~

이다섯을　제대로잘　바라보는　현재미래

성문들은　깊은믿음　법지혜에　의지하여

번뇌들에　오염되어　더럽혀진　자성청정

性清淨心 煩惱所染 而得究竟
성 청 정 심 번 뇌 소 염 이 득 구 경

④

勝鬘 是究竟者 爲大乘因 汝今當知 信
승 만 시 구 경 자 위 대 승 인 여 금 당 지 신

如來者 於甚深法 不生誹謗 有是大利
여 래 자 어 심 심 법 불 생 비 방 유 시 대 이

益於世間
익 어 세 간

⑤

爾時 勝鬘夫人 白佛言 世尊 復有餘義
이 시 승 만 부 인 백 불 언 세 존 부 유 여 의

能多利益 我當承佛威神之力 演說斯事
능 다 이 익 아 당 승 불 위 신 지 력 연 설 사 사

⑥

佛言 善哉 勝鬘 今恣汝說
불 언 선 재 승 만 금 자 여 설

⑦

勝鬘夫人言 世尊 有三種 善男子善女人
승 만 부 인 언 세 존 유 삼 종 선 남 자 선 여 인

於甚深法 離自毀傷 生多功德 入大乘道
어 심 심 법 이 자 훼 상 생 다 공 덕 입 대 승 도

자기마음　이해하고　구경열반　이룹니다.
④

승~만~　보살님~　승~만~　보살님~
자성청정　믿음으로　이루는~　구경열반
대승의~　원동력이　된다할수　있습니다.
부처님의　깊은법을　비방않고　믿는사람
중생들에　큰이로움　주게되는　것입니다.
⑤

거룩하신　부처님~　거룩하신　부처님~
부처님의　높디높은　위신력을　받들고서
다시한번　부처님법　설하고자　하옵니다.
⑥

승~만~　보살님~　설하시어　주십시오.
⑦

거룩하신　부처님~　세부류의　불자들은
부처님법　훼손않고　큰공덕을　지으면서
대승의길　들어간다　말할수가　있습니다.

⑧

世尊 何等爲三 若善男子善女人等 1)能
세존 하등위삼 약선남자선여인등 능

自成就 甚深法智 2)或有成就 隨順法智
자성취 심심법지 혹유성취 수순법지

3)或有於此甚深法中 不能解了 仰推如
혹유어차심심법중 불능해료 앙추여

來 唯佛所知 非我境界
래 유불소지 비아경계

十五. 勝鬘夫人正師子吼
십오 승만부인정사자후

①

世尊 除此三種 善男子善女人已 諸餘
세존 제차삼종 선남자선여인이 제여

有情 於甚深法 隨己所取 執着妄說 違
유정 어심심법 수기소취 집착망설 위

⑧

거룩하신 부처님~   거룩하신 부처님~

1)첫째사람 법지혜를 스스로~ 이룹니다.

2)둘째사람 법지혜를 수긍하며 따릅니다.

3)셋째사람 법지혜를 안다하지 아니하고,

'깊디깊은 부처님법 저는알지 못합니다.

부처님만 아십니다' 이렇게~ 생각하며,

부처님의 마음으로 생활하려 하십니다.

15장 승만 보살님의 사자후

①

거룩하신 부처님~   거룩하신 부처님~

세부류를 제외한~   여타의~ 중생중엔

깊디깊은 가르침을 자기나름 수용하여

헛된소리 떠들면서 바른정법 버리고서

외도들을 답습하여 부처님의 종자를~

背正法 習諸外道 腐敗種子 當以王力
배 정 법 습 제 외 도 부 패 종 자 당 이 왕 력

及天龍鬼神力 而調伏之
급 천 룡 귀 신 력 이 조 복 지

②

勝鬘夫人 說是語已 與諸眷屬 頂禮佛
승 만 부 인 설 시 어 이 여 제 권 속 정 례 불

足 時 佛世尊讚言 善哉 勝鬘 於甚深法
족 시 불 세 존 찬 언 선 재 승 만 어 심 심 법

方便守護 降伏怨敵 善能通達
방 편 수 호 항 복 원 적 선 능 통 달

③

勝鬘 汝已親近 百千俱胝 諸佛如來 能
승 만 여 이 친 근 백 천 구 지 제 불 여 래 능

說此義
설 차 의

---

92 조복: 몸과 마음을 조절하여 온갖 악행을 다스림, 온갖 장애를 굴복시키는 것을 말합니다.

93 원적: 원한怨恨의 적敵, 대표적인 원적으로 수행을 방해하는 네 마귀(四魔)를 들 수 있는데,
   여기서는 '여래장'을 부인하는 수행자나 외도를 가리킬 수도 있습니다.

썩게하는 중생들도 매우매우 많습니다.
부처님의 종자를~ 썩게하는 사람들을
왕의힘과 하느님힘 용과귀신 힘으로써
빠짐없이 모두모두 조복시키⁹² 겠습니다.

②

말씀모두 마치시고 보살님과 권속들이
부처님의 양쪽발에 이마대어 예경하자
부처님이 대중들께 말씀하시 었습니다.
옳습니다 보살님~ 참으로~ 옳습니다.
보살님은 깊디깊은 가르침을 수호하며
완전하게 원적들의⁹³ 항복받으 셨습니다.

③

승~만~ 보살님~ 승~만~ 보살님~
백천억의 부처님을 공경하신 공덕으로
이렇게도 깊디깊은 설법하시 었습니다.

④

爾時 世尊 放勝光明 普照大衆 身昇虛
이시 세존 방승광명 보조대중 신승허

空 高七多羅量 以神通力 足步虛空 還
공 고칠다라량 이신통력 족보허공 환

舍衛城
사위성

⑤

時 勝鬘夫人 與諸眷屬 瞻仰世尊 目不
시 승만부인 여제권속 첨앙세존 목불

暫捨 過眼境已 歡喜踊躍 遞共稱歎 如
잠사 과안경이 환희용약 체공칭탄 여

來功德
래공덕

⑥

一心念佛 還無鬪城 勸友稱王 建立大
일심념불 환무투성 권우칭왕 건립대

乘 城中女人 七歲已上 化以大乘 友稱
승 성중여인 칠세이상 화이대승 우칭

大王 亦以大乘 化諸男子 七歲已上 舉
대왕 역이대승 화제남자 칠세이상 거

---

94 다라수(팔미자 야자): 야자나무과의 상록교목, 가지가 없으며 높이는 20~30m에 달합니다.
높이에 대한 비유로써 많이 쓰였습니다.

④

이때에~   부처님이   대광명을   놓으시며
허공으로   칠다라수⁹⁴   높이높이   오르시어
허공밟고   기원정사   돌아가시   었습니다.

⑤

승~만~   보살님과   일체모든   권속들이
합장하고   잠시도~   눈을떼지   못하면서
부처님이   시야에서   안보이게   될때까지
부처님이   가시는곳   바라보시   었습니다.
보살님과   일체모든   권속들이   기뻐하며
부처님의   공덕들을   찬탄하시   었습니다.

⑥

부처님을   생각하며   아유다성   돌아와서
우~칭~   대왕님께   대승의길   전하신후
승~만~   보살님이   칠세이상   여인에게
대승의길   전파하고   교화하시   었습니다.
우~칭~   대왕님도   칠세이상   남자에게

國人民 無不學者
국 인 민 무 불 학 자

III. 流通分
유 통 분

①

爾時 世尊 入逝多林 告 尊者阿難 及
이 시 세 존 입 서 다 림 고 존 자 아 난 급

念天帝 時 天帝釋 與諸眷屬 應念而至
념 천 제 시 천 제 석 여 제 권 속 응 념 이 지

住於佛前 爾時 世尊告帝釋言
주 어 불 전 이 시 세 존 고 제 석 언

②

憍尸迦 汝當受持此經 演說開示 爲
교 시 가 여 당 수 지 차 경 연 설 개 시 위

三十三天 得安樂故
삼 십 삼 천 득 안 락 고

---

95 제석천: 수미산 정상에 있는 도리천의 왕으로, 사천왕四天王과 32신神을 통솔하면서 불법佛
法을 지킵니다.

대승의길　전파하고　교화하시　었습니다.
온나라의　국민들을　교화하시　었습니다.

Ⅲ. 유통분

①

부처님이　대중들과　기원정사　돌아와서
"제석천~[95]　하느님왕　천주님이　생각난다"
아난에게　이런말씀　하자말자　금방바로
제석천이　권속들과　나타나시　었습니다.
부처님이　그동안의　과정들을　설하신후
널리널리　전하도록　부촉하시　었습니다.

②

제석천~　천주님~　제석천~　천주님~
삼십삼천　하느님들　평안하고　즐겁도록
이경전을　널리널리　전하도록　하십시오.

③

復告 阿難 汝亦受持 爲諸四衆 分別演
부고 아난 여역수지 위제사중 분별연

說
설

④

時 天帝釋 白佛言 世尊 當何名斯經 云
시 천제석 백불언 세존 당하명사경 운

何奉持
하봉지

⑤

佛告 天帝 此經成就 無邊功德 一切聲
불고 천제 차경성취 무변공덕 일체성

聞獨覺 力不能及 況餘有情
문독각 역불능급 황여유정

⑥

憍尸迦 當知 此經 甚深微妙 大功德聚
교시가 당지 차경 심심미묘 대공덕취

⑦

今當爲汝 略說其名 諦聽諦聽 善思念之
금당위여 약설기명 제청제청 선사념지

③

아~난~　　장로님도　　사부대중　　위하여서
이경전을　　널리널리　　전하도록　　하십시오.

④

이때에~　　제석천이　　말씀하시　　었습니다.
거룩하신　　부처님~　　이경이름　　무엇이며,
어떻게~　　받들어~　　지니어야　　하옵니까?

⑤

제석천~　　천주님~　　제석천~　　천주님~
이경전의　　공덕들은　　한량없고　　가이없어
성문이나　　연각들은　　이해하지　　못합니다.
여타의~　　중생들은　　말할필요　　없습니다.

⑥

제석천~　　천주님~　　이경전의　　공덕들은
참으로~　　광대하다　　말할수가　　있습니다.

⑦

이경전의　　이름들을　　말씀드리　　겠습니다.
잘듣고서　　잊지않고　　기억토록　　하십시오.

⑧

時 天帝釋 及 尊者阿難 白言 善哉 世
시 천제석 급 존자아난 백언 선재 세

尊 唯然受教
존 유연수교

⑨

佛言 此經讚歎
불언 차경찬탄

1) 如來眞實功德 應如是持
여래진실공덕 응여시지

2) 十種弘誓 應如是持
십종홍서 응여시지

3) 以一大願 攝一切願 應如是持
이일대원 섭일체원 응여시지

4) 說不思議攝受正法 應如是持
설부사의섭수정법 응여시지

5) 說入一乘 應如是持
설입일승 응여시지

6) 說無邊聖諦 應如是持
설무변성제 응여시지

7) 說如來藏 應如是持
설여래장 응여시지

⑧

제석천과　아난장로　말씀하시　었습니다.

거룩하신　부처님~　잊지않을　것입니다.

가르침을　잊지않고　받아지니　겠습니다.

⑨

부처님이　자세하게　말씀하시　었습니다.

이경전의　정종분엔　열다섯장　있습니다.

1) 부처님의 진실 공덕

2) 열 가지 홍서

3) 일 대원이 일체 서원 섭수

4) 정법 섭수

5) 일승의 길

6) 한없이 성스러운 진리

7) 여래장

8) 說佛法身 應如是持
설 불 법 신 응 여 시 지

9) 說空性義隱覆眞實 應如是持
설 공 성 의 은 부 진 실 응 여 시 지

10) 說一聖諦義 應如是持
설 일 성 제 의 응 여 시 지

11) 說常住不動寂靜一依 應如是持
설 상 주 부 동 적 정 일 의 응 여 시 지

12) 說顚倒眞實 應如是持
설 전 도 진 실 응 여 시 지

13) 說自性淸淨心煩惱隱覆 應如是持
설 자 성 청 정 심 번 뇌 은 부 응 여 시 지

14) 說如來眞子 應如是持
설 여 래 진 자 응 여 시 지

15) 說勝鬘夫人正師子吼 應如是持
설 승 만 부 인 정 사 자 후 응 여 시 지

⑩

復次 憍尸迦 此經所說 1)斷一切疑 2)決
부 차 교 시 가 차 경 소 설 단 일 체 의 결

定 3)了義 4)入一乘道
정 요 의 입 일 승 도

8) 법의 몸

9) 공 여래장과 불공 여래장

10) 일 성제

11) 일 귀의처

12) 바른 견해

13) 자성 청정

14) 진정한 불자

15) 승만 보살님의 사자후

⑩

제석천~ 천주님~ 다르게~ 분류하면
이경전의 정종분엔 네개부가 있습니다.
1)의심끊음 2)원인확인 3)의미이해 4)일승의길
네개부로 정종분을 나눌수가 있습니다.

憍尸迦 今以所說 勝鬘夫人師子吼經
교 시 가 금 이 소 설 승 만 부 인 사 자 후 경

付囑於汝
부 촉 어 여

乃至法住 於十方界 開示演說
내 지 법 주 어 시 방 계 개 시 연 설

天帝釋言 善哉 世尊 唯然受教
천 제 석 언 선 재 세 존 유 연 수 교

時 天帝釋 尊者阿難 及諸大會 天人阿
시 천 제 석 존 자 아 난 급 제 대 회 천 인 아

修羅健闥婆等 聞佛所說 皆大歡喜 信
수 라 건 달 바 등 문 불 소 설 개 대 환 희 신

受奉行
수 봉 행

- 定本 漢文 勝鬘經 終 -
정 본 한 문 승 만 경 종

⑪

제석천~   천주님~   제석천~   천주님~
승만보살   사자후경   부탁드리   겠습니다.

⑫

이경전이   영원토록   시방세계   머물도록
널리널리   설법하여   전하도록   하십시오.

⑬

제석천~   천주님이   말씀드리   셨습니다.
거룩하신   부처님~   분부받들   겠습니다.
거룩하신   부처님~   분부받들   겠습니다.

⑭

제석천과   아~난~   장로님과   모든세상
하느님과   사람들과   아수라와   건달바가
부처님의   설법듣고   매우매우   기뻐하며
믿고지녀   받들어~   행하기로   했습니다.

- 가사체 승만경 끝 -

편집 후기

2010년경 이인자 선생님께서 "지운 스님께서 추천하셔서 보니, 너무너무 좋은데" 하시면서, 승만경 번역을 강력히 제안하셨습니다. 우선 대충 훑어보는 과정에서 정말 놀랐습니다. 지금 대한민국에서는 전혀 놀라운 일이 아니지만, 지금도 인도에서는 참으로 놀랄 만한 일이었습니다. "여자가 설법을 하다니요!" 더구나 "2,600년 전 인도에서 여자"가 설법을 하다니요! 하긴 사성계급이 철저한 당시 인도에서 사성계급을 부정하고 평등을 실현하신 부처님이시니 가능한 일이라는 생각이 들었습니다.

진짜 놀란 것은 내용이었습니다. 지금까지 전혀 상상하지도 못했던 불교의 이론들이 질서정연하게 정돈되어 있었습니다. 그러나 다른 경전을 읽을 때도 가끔 느끼는 일이었지만, 승만경에서도 뭔가 떨어져 나갔다는 느낌이 들었습니다. 마침 원본으로 사용할 만한 승만경이 세 종류가 있었습니다. 3본 즉 1) 고려대장경 대보적경 승만부인회(보리유지 한문역), 2) 고려대장경 승만사자후일승대방편방광경(구나발타라 한문역), 3) 티베트어본 승만보살사자후경이 있었습니다.

3종을 대조해 정본을 만드는 과정은 참으로 어려웠습니다. 정본을 만드는 막노동 수준의 고된 일은 저 조현춘이 거의 다 했습니다. 그러나 많은 부분에서 혼자서는 절대로 할 수 없는 부분들이 많았습니다. 첫째는, 화엄경과 화이트헤드 연구회 회원님들의 도움이 많았습니다. 다음으로는, 〈승만경 연구회〉를 창립하여 이끌고 계시던 이인자 선생님의 지도와 논평이 절대적으로 작용했습니다. 특히 두 분 후배님들의 신선한 관점이 완성본 승만경을 만드는 데 결정적 역할을 하였습니다. 그래서 5사람 공역이 되었습니다.

  미리 밝혀 두어야 할 사항이 있습니다. 저가 동참해서 출판하는 불교 경전은 해설집 법요집 행사집 등에 '무료로' 사용할 수 있습니다. 정본이라는 말을 붙여서 출판된 책의 내용은 여러 본을 비교해서 정본을 결정하였으니, 특별한 이유가 없으면 그대로 활용해 줄 것을 부탁드립니다. 저희가 미처 생각하지 못했던 부분을 교감하고 교감 사실을 통보해 주시면 저희도 고맙겠습니다.

  또한 출판을 허락해 주신 도서출판 운주사에 깊은 감사를 드립니다.

  마지막으로, 불교계의 어려운 출판 사정을 고려하여 출판에 많은 도움을 주신 동참회원님들께도 심심한 감사의 마음을 전합니다. 많디많은 십시일반 동참회원님들과 108동참회원님들의 동참으로 수월하게 출간할 수 있었습니다. 이 인연 공덕으로 부처님의 무량 복을 누리시고, 속히 성불하옵소서.

법보시 동참 계좌

신한은행 110-354-890749 조현춘(가사체금강경독송회)

이 통장으로 입금되는 보시금은 전액 '지정법당·군법당·병원법당·교도소·불교학생회 등에의 법보시, 불교기관에의 보시'로만 사용합니다.

고맙습니다. 참으로 고맙습니다.

대심거사 조현춘 010-9512-5202 합장

법보시 108 동참회

1) 도일스님
2) 수보리스님
3) 남봉연
4) 이진우
5) 민경희
6) 고/안형관
7) 강수균
8) 강태진
9) 김정옥
10) 김정자
11) 박혜정
12) 조재형
13) 이수진
14) 조성홈
15) 조성윤

16) 서울독송회
17) 대구독송회
18) KBS독송회
19) 청안사
20) 미/정각사
21) 송불암
22) 북대암
23) 이순랑법사
24) 김남경
25) 해원보살
26) 오일수
27) 유명애
28) 권준모
29) 방애자
30) 정인숙

31) 세심화
32) 정혜거사
33) 고/대원화
34) 마가스님
35) 이종선
36) 박은희
37) 한지민
38) 보명법사
39) 김형일
40) 장충효
41) 도윤희
42) 김임용
43) 배문주
44) 배영주
45) 부산 보현회

46) 박경아
47) 진여심
48) 김대진
49) 도안스님
50) 고/강호진
51) 법현스님
52) 고/박종순
53) 진주 용화사
54) 운성스님
55) 이인자
56) 천희완
57) 김순남

●**원허 지운 스님**(승보총찰 송광사, 동화사 전 강주)은
대강백 운성스님으로부터 강맥을 이었으며, 성우 스님으로부터 계맥을 이었
으며, 대한불교조계종 행자교육원 교수사 역임. 대한불교조계종 단일계단 위
원 및 교수사, 기본선원 교선사, 동국대(경주) 불교문화대학원 겸임교수, 자비
선명상수행센터 수행 지도법사, 승만경연구회 자문위원, (사)한국차명상협회
이사장의 역할을 수행하고 있습니다.

●**만후 이인자**(경기대학교 명예교수)는
대한불교조계종 불교여성개발원 초대원장(현재 고문), (사)한국여성시각디자
인협회 초대 회장(현재 고문), (사)대한산업미술가협회 이사장(현 고문) 역임.
현재 용산 미술가협회 고문, (사)한국사진가협회 고문으로 활동. 평생을 경기
대학교에서 미술을 가르치며, 개인전을 7회 개최하였습니다.

●**대심 조현춘**(가사체 금강경 독송회)은
서울대학교 이장호 지도교수님의 권유로 '동서양 통합 상담심리학'을 세우기
위해 금강경 공부 시작. 30여년 교수생활 중에 계속 '불교경전과 상담심리학'
이라는 주제의 논문 발표. 화엄경과 화이트헤드 연구회·법륜불자교수회·한
국동서정신과학회·한국정서행동장애아교육학회·대한문학치료학회 등의 회
장을 역임하였습니다. (다음 까페: 가사체금강경)

●**성효 천희완**(가사체 금강경 줌 독송회 회장)
가사체 금강경 서울 독송회 회장, 중·고등학교 사회과 교사로 30여년 근무한
후 정년함, 대한불교조계종포교사(서울지역단), 동국대 불교학과 박사과정 수
료, '가사체금강경' 유튜브를 만들어 올림, '(사)우리는 선우' 회원, 조계사불교
대학 출신 모임 '금강경결사회'에서 공부하고 있습니다.

●**명경지 김순남**(전국교수불자연합회 부회장)
신한대학교 교수, 행복시인. 대한불교조계종 중앙신도회 부회장, 전국교수불
자연합회 부회장 겸 서울경기지회장, 대한불교조계종 포교사, 전국여교수연
합회 부회장 겸 경기인천지회장, 행복교육행복사회연구회 및 행복포럼 회장,
한국ESG학회 부회장 겸 기획위원장, 경북대행복회 회장. 전 한국교육개발원
연구위원, 한국대학교육협의회 연구원으로 근무하였습니다.(유튜브: KSN행복
연구소)

*이 책의 내용은 법요집, 해설서, 행사집에 활용할 수 있습니다.

가사체 승만경과 정본 한문 승만경

초판 1쇄 인쇄 2023년 9월 1일 | 초판 1쇄 발행 2023년 9월 8일
공역 지운·이인자·조현춘·천희완·김순남 | 펴낸이 김시열
펴낸곳 도서출판 운주사 (02832) 서울시 성북구 동소문로 67-1 성심빌딩 3층
전화 (02) 926-8361 | 팩스 0505-115-8361
ISBN 978-89-5746-758-9 03220   값 12,000원
http://cafe.daum.net/unjubooks 〈다음카페: 도서출판 운주사〉